CW00499368

Ligia,

Para mí siempre será un solo modo de ver a Eva Perón y siempre serás tú. Brillas con todo lo que haces.

Ben/x

Evita mirada

Modos de ver a Eva Perón:
las figuraciones literarias y visuales de su cuerpo
entre 1992 y 2019

María Cristina Ares

Evita mirada

Modos de ver a Eva Perón:
las figuraciones literarias y visuales de su cuerpo
entre 1992 y 2019

Argus-*a*
Artes & Humanidades
Arts & Humanities

Buenos Aires, Argentina - Los Ángeles, USA
2022

Evita mirada. *Modos de ver a Eva Perón:*
las figuraciones literarias y visuales de su cuerpo entre 1992 y 2019

ISBN978-1-944508-48-7

Ilustración de tapa: Nicola Costantino, *Eva. La fuerza* (Detalle), Torso.De la Serie *Rapsodia Inconclusa*, 2013, objeto, hierro empavonado58 x 30 x 23 cm

Diseño de tapa: Argus-*a*.

Editorial Argus-*a*
1414 Countrywood Ave. # 90
Hacienda Heights, California 91745
U.S.A.
argus.a.org@gmail.com

A la memoria de mi Abuela María
y a su chalecito californiano en Virreyes,
Partido de San Fernando, Pcia. Buenos Aires

ÍNDICE

INTRODUCCION

Las representaciones visuales o literarias de Eva Perón han provocado controversias y polémicas dentro y fuera del movimiento peronista, han sido fuente de interpretaciones críticas con ecos en la lectura histórica y política de su figura. En las últimas décadas el cuerpo ha devenido en objeto privilegiado de problematización para la filosofía, las ciencias sociales y las teorías del arte en general. En este marco teórico, las figuraciones estéticas del cuerpo de Eva Perón, se imponen como categoría de análisis privilegiada por su significativa productividad simbólica frente a la manipulación macabra padecida por su cadáver según los registros históricos que existen sobre este tema. La literatura y las artes visuales han manifestado un gran interés por el cuerpo de Eva Perón, han dado forma estética a su muerte y a su paso a la inmortalidad, a su agonía y su enfermedad, al ultraje padecido *post mortem* y al robo de su cadáver, a la taxidermia encargada y su transmutación en momia, al ocultamiento de su cuerpo y su recuperación, a la repatriación y a su conversión en fetiche. Pero a partir de 1992 se registra la estetización de su ausencia o bien la evocación de un cuerpo omitido que transmuta en una multiplicación y proliferación a modo de un juego de espejos infinito. Esa privación inicial se presenta enlazada con el horror. Las figuraciones estetizan esa omisión del cuerpo para acallar el espanto, como si se tratara de un pacto de decoro, con el fin de sofocar el horror amenazante. Tal sujeción que pugna por expresarse y retorna, acaba estetizándose desde la coacción a la que es sometida, resultando más temible, aunque paradójicamente fascinante. Como si se tratara de un movimiento pendular, la ausencia en la representación de su cuerpo hacia finales del siglo XX, se trastoca en su opuesto: una propagación incalculable de cuerpos de Eva. El corpus seleccionado ha sido acotado a las producciones visuales y literarias de 1992 a 2019 y son de origen argentino, los filmes no han sido integrados -salvo en un caso que dialoga directamente con la literatura (Véase Cap. II.2)- por considerar que constituyen un universo de implicancias técnicas y significativas propias que exceden este estudio. En cuanto a los ensayos sociales, históricos o políticos sobre este tópico serán tomados en cuenta sólo para conformar el contexto de la producción estética literaria y visual del período acotado, pero no como objetos del corpus a tratar.

I.1. El itinerario del cuerpo: abuso y fetichización

Del cuerpo de Evita se ha hablado en exceso, del deterioro que el cáncer operó sobre su figura y también de la soledad y el aislamiento padecido durante su agonía.[1] El 26 de julio de 1952, a los 33 años, Eva Duarte muere por un cáncer de útero, pocos días después de haber terminado su último libro: *Mi mensaje*,[2] una continuación de su primer libro *La razón de mi vida* (1951).

Antes de su muerte Juan Domingo Perón ya había hecho los arreglos con el Dr. Pedro Ara, un reconocido patólogo español, para proceder a su embalsamamiento. Incluso delante de Eva agonizante mantenían conversaciones sobre el proceder inmediato apenas expirase, algunos creen que la misma Eva habría oído esas indicaciones.[3]

Eva que, a pesar de los engaños y falsas esperanzas de mejoría que su entorno prometía, conocía cuál sería su final, había dado recomendaciones a su manicura, Sara Gatti (Dujovne, 453) para que en el momento del desenlace cambiara su esmalte de uñas "demasiado rojo" por un brillo incoloro.

---

1 "Le mentían sin cesar. El país entero celebraba misas por su salud, transmitidas por radio, pero desenchufaban el aparato para que ella no lo supiera. Y cada día le llevaban el diario, pero en edición expurgada donde no figuraban los boletines sobre su estado de salud. Ilusión y simulacro: Perón le había pedido a Paco Jamandreu que le enseñara las telas más suntuosas y los modelos más originales diciéndole que pronto los podría lucir [...] Ella decía que sí con la cabeza, siguiendo el juego, creyendo y sin creer, demoliendo las mentiras piadosas con alusiones a su muerte y escudriñando las reacciones" (Ortiz,2002:446/7).

2 Fragmentos de *Mi mensaje* fueron leídos dos meses y medio después de su muerte en un acto en Plaza de mayo ese mismo año. El libro permaneció inédito hasta 1987 en que el diario *La Nación* lo publicó.

3 Alicia Dujovne Ortiz relata que una testigo había declarado: "'En ese momento [Perón] ya tenía a sus colegialas y Evita lo sabía. Y hablaba en su presencia con Pedro Ara, pidiéndole detalles de lo que iría a hacerle, como si ella durmiera.' Ara, el médico español que momificó el cadáver de Evita" (2002:449).

El 27 de julio de 1952, al día siguiente de su fallecimiento, al amanecer, cuando la manicura llega a la Residencia, Pedro Ara ya había vuelto "definitivamente incorruptible" el cadáver de Evita, aunque su labor se extendería durante un año más. Es el momento en que su peluquero Pedro Alcaraz comienza a decolorar su cabellera y a peinarla con un rodete hecho de una larga trenza. La vistieron, como a una gran muñeca, con un sudario blanco y la cubrieron con una bandera argentina. Entre sus dedos colocaron un rosario que Pío XII le había regalado y la acostaron en un féretro con tapa de vidrio.

La CGT declaró tres días de paro y el gobierno estableció un duelo nacional por 30 días. Evita fue velada en la Secretaría de Trabajo y Previsión hasta el 9 de agosto, luego su cuerpo es llevado al Congreso de la Nación para recibir sus honores y más tarde a la CGT.

Dos millones de personas siguieron la procesión y su paso por las calles se registra con una lluvia de claveles, orquídeas, crisantemos y rosas arrojados desde los balcones. Largas filas de trabajadores esperaron bajo la lluvia para darle el último adiós, cabe señalar que también circulaban rumores acerca de que aquel que no asistía al ritual con su banda negra de duelo en el brazo era despedido de su puesto de trabajo.[4]

El gobierno contrató a Edward Cronjagar, un camarógrafo de la 20th Century Fox, para que filmara los funerales de Evita -él ya había registrado con su cámara los funerales del mariscal Foch en París-. Del material reunido se pudo producir el documental *Y la Argentina detuvo su corazón*, eran días en que las radios señalaban diariamente la hora de la muerte de Eva con el siguiente lema: "Son las 20:25, hora en que Eva Perón pasó a la inmortalidad".

Un largo itinerario comenzará para el cadáver cuando ocurre, el 16 de junio de 1955, el intento de golpe de Estado y magnicidio contra el Presidente Juan Domingo Perón. La Casa Rosada, la Plaza de Mayo y el edificio de la CGT fueron bombardeados por disidentes de la Armada

[4]Éste dato es autobiográfico y lo escuché durante toda mi infancia de mi abuelo materno, Américo Santiago Rovere, quien fuera peronista y ferviente agradecido a Evita por haberles dado la posibilidad de un techo, el típico chalet californiano y peronista con techo a dos aguas en el barrio de Virreyes en la Pcia.Bs.As.

Argentina y la Fuerza Aérea. El intento fue sofocado por el Ejército de Tierra pero tres meses después, el 16 de septiembre, los tres armas concertaron una rebelión denominada Revolución Libertadora lo que provocó la dimisión de Perón y su huida además de 4.000 muertos. El cuerpo de Evita continuaba en el edificio de la CGT, aunque la situación nacional hacía temer que se produjera el asalto y la destrucción de la sede sindical.

Entre septiembre y noviembre de 1955 el Gral. Eduardo Lonardi asume como presidente provisional al tiempo que Perón inicia un largo exilio que terminará en España, pero el cuerpo de Eva quedará en el país y el Dr. Ara continuará velando por su obra. Lonardi amenaza con destruir el cuerpo de Eva frente al pedido de Perón de que se lo devuelvan. Lonardi es reemplazado por el Gral. Aramburu que ordena la desaparición del cadáver, tarea que le encarga al Cnel. Carlos de Moori Koenig, jefe del servicio de inteligencia del Ejército. La instrucción primera fue esconder el cuerpo y luego enterrarlo clandestinamente, prefirió no destruirlo porque temía la ira de las masas.

El cuerpo momificado de Eva dentro de un cajón de embalaje sellado lo esconden en un furgón de florería varios meses. Luego es trasladado a un depósito cerca del cuartel general del servicio de inteligencia del Ejército donde permanece un mes, entonces comienza un largo peregrinaje por media docena de depósitos y oficinas oficiales de Buenos Aires. Dos escondites peculiares merecen una mención aparte: el cine Rialto y la bohardilla de la casa del Mayor Arandia en el barrio de Saavedra (o Arancibia en la versión de Tomás Eloy Martínez).

El ataúd con el cuerpo fue escondido en el cine Rialto entre el 14 de diciembre de 1955 y el 20 de febrero de 1956, en el barrio de Palermo, sobre la Av.Córdoba 4283, detrás de la pantalla donde se proyectaban las películas. El dueño del cine era un oficial de inteligencia retirado, su operador era el Chino Astorga. En esos meses la hija pequeña de Astorga jugó con el cuerpo de Eva creyendo que se trataba de una gran muñeca a la que llamaba "Pupé", le pintaba los labios, le contaba los argumentos de las películas e incluso se ha quedado dormida sobre su falda en alguna oportunidad (Martínez, 240).

El Dr.Ara era convocado en cada mudanza del cuerpo para revisar su estado y posible deterioro. La confidencialidad de su nombre y los repetidos traslados se debían a que los agentes peronistas no cesaban en la búsqueda del cadáver. Entre febrero y marzo de 1956, el cuerpo estuvo escondido en los depósitos militares de la calle Sucre 1835 hasta que finalmente terminó en el barrio de Saavedra, en la Av. Gral. Paz 542, en la bohardilla de la casa del Mayor Antonio Arandia (otras versiones indican que estaba en el ropero), el ayudante del Coronel Moori Koenig. Arandia formaba parte del Operativo Evasión, dormía con una pistola debajo de la almohada. Pero, una noche se despertó asustado por unos pasos que se acercaban a la puerta del baño y creyendo que venían a buscar el cuerpo, disparó dos veces contra la sombra y resultó que se trataba de su esposa embarazada.

Con la muerte de la esposa de Arandia, el Coronel decide el traslado del cadáver al cuarto piso del cuartel general del servicio de inteligencia, SIE, organismo dirigido por el mismo Moori Koenig, precisamente en la esquina de Callao y Viamonte. Ubicó su cuerpo en una caja que había contenido material radiofónico y que llevaba la inscripción *La voz de Córdoba* hasta 1957. Se dice que oficiales alcoholizados llevaban mujeres a la oficina para mostrarles el cadáver y que era costumbre del coronel exhibirlo. Hasta que un día el Coronel se lo mostró a María Luisa Bemberg, directora y guionista de cine, quien luego se lo comentó a un amigo que pertenecía a la Marina. Este hecho hizo que Aramburu le retirara la custodia del cuerpo a Moori Koenig y le encargara la tarea a Héctor Cabanillas, también de la SIE. La nueva orden fue darle cristiana sepultura.

El Teniente Gral. Lanusse con ayuda del Capellán "Paco" Rotger decide llevar a cabo la orden de traslado a Milán, Italia, con el apoyo de Giovanni Penco (superior de la orden de los Paulinos quienes fueron los primeros evangelizadores de América). Para el operativo necesitaban el apoyo del Papa Pío XII y lo consiguieron. El cuerpo, muchos se refieren a "la momia", se trasladó en barco y se enterró en el cementerio Mayor de Milán. Una laica consagrada de identidad desconocida le llevó flores durante aproximandamente quince años sin saber quién era. El seudónimo con el que fue enterrada fue Maria Maggi de Magistri.

En 1970, la Agrupación Montoneros secuestra a Aramburu y

exige a cambio el cuerpo de Eva, como el intercambio no ocurre, acaban con la vida del General. Es Lanusse quien decide devolverle el cadáver a Perón, exiliado en ese momento en Madrid. Perón declaró que se habían ensañado con el cuerpo y que su estado no era bueno, tenía la nariz destrozada, varios cortes, le faltaba un dedo de la mano, sus pies estaban cubiertos de brea, etc. Sin embargo, el Dr. Ara lo vio a las 24 hs y dijo que estaba intacto, lo contrario opinaron las hermanas de Eva que lo vieron muy deteriorado.

Domingo Isaac Tellechea fue nombrado su nuevo restaurador, era jefe de laboratorio de restauración del Museo de la Policía Federal Argentina, especialista en ceroplástica, modelado en cera. Cuando Perón vuelve al país no trae el cuerpo, y cuando muere, es su viuda y vicepresidenta, Isabelita, quien al tomar el poder ordena traerlo al país y lo conserva en la quinta de Olivos.

Luego de ser derrocada Isabelita por un nuevo golpe, el cuerpo es devuelto a la familia Duarte para ser ubicado en una cripta en el cementerio de Recoleta. Allí se encuentra hoy, a 8 metros de profundidad bajo gruesas placas de acero y con una cámara de vigilancia orientada en la entrada que registra a todos los visitantes que se detienen frente a la fachada del discreto panteón familiar.

I.2. Del "hada rubia de los pobres" a santa Evita

La mujer que en vida fue polémica, rebelde, autoritaria, amada y odiada, ya muerta se transformó en *Eso*, uno de los innumerables nombres que recibió el cadáver embalsamado de Eva. Muchas veces para evitar mencionarla y mantener la confidencialidad de su ubicación se utilizaban apodos, entre más usados se han registrado: *Esa mujer*, *Persona*, *Difunta*, *ED* (por Eva Duarte), *EM* (por Esa Mujer), *ElPaquete*, *Señora*, *Santa*, etc. Todos, sin embargo, aluden al proceso de cosificación que se operó una vez muerta. En vida, tampoco puede afirmarse que haya sido una militante feminista, al menos encarnó un lugar aporético entre la sumisión a Perón y su carácter indomable. Pero una vez muerta, ya la decisión tomada por su marido (aunque algunos declaran que ella misma fue quien dio a entender el deseo de eternizarse junto con el Monumento proyectado en su honor y que quedó finalmente inconcluso) de transformarla en una momia da cuenta del proceso de fetichización al que fue sometida (Véase Cap.IV.1).

El embalsamamiento fue, y aún hoy es, un método utilizado para preservar en la eternidad a numerosos líderes políticos, tal es el caso de V.Lenin (Rusia), Ho Chi Minh (Vietnam), Mao Zedong (Mao Tsé Tung, China), Kim Il Sung (Corea del Norte), Kim Jong Il (Hijo de Sung), Hugo R.Chávez (Venezuela), desde esa perspectiva no debiera sorprender la voluntad de Perón, pero el cuerpo de Eva se transformó en un botín de guerra, en un objeto de deseo erótico, en una *cosa* a violentar y en una santa. La reificación de su cuerpo resulta efecto de una sustitución, se trata de la atribución de nuevas funciones a ese cadáver por sobre las que originalmente ya poseía. Esta operación produce una dualidad en el objeto, como si poseyera dos contenidos en uno: la nueva atribución esconde, pero no anula la original.[5] El carácter cósico lo adquiere en cuanto deja de ser los restos de Eva Duarte y ese cuerpo conquista un valor intrínseco que no poseía cuando estaba viva. Al exponerla a las multitudes, al mostrarla en secreto y clandestinamente, se le ha otorgado un *aura* que antes no poseía. En el gesto de exposición el cadáver ha conquistado una forma de sacralidad y por tanto se esperará que el espectador experimente una suerte de epifanía laica o religiosa. La fetichización, en ambos casos, siempre provoca una relación de amor y codicia del sujeto hacia el objeto y el caso de Eva no fue la excepción.

Transformar el cuerpo de Evita en una momia fue la consolidación de una compleja operación de santificación del personaje político que después de su muerte ya se insinuaba como hada en varios manuales escolares.

Para la construcción del mito de Eva confluyeron varios elementos, el principal: su vertiginoso ascenso, del anonimato al de Benefactora

[5] Remo Guidieri señala: "Uno no se libera fácilmente del fetiche: sea mercancía, simulacro, ortopedia simbólica -objeto de culto-. ¿Cabe esperar vencer esta dificultad? Sería abolir realmente la ambigüedad que va con la supuesta abrogación de la función originaria del objeto" (1997:71/2).

de los Humildes y Jefa Espiritual de la Nación en menos de cuatro años. Los que la detestaban la consideraban "ícono del peronismo analfabeto, bárbaro y demagogo" (Martínez, 184). También lo que sus contemporáneos consideraron como rasgos masculinos, para los códigos de la época, según Eloy Martínez: Eva "actuaba como un macho"; y para Ezequiel Martínez Estrada: "Todo lo que le faltaba a Perón o lo que poseía en grado rudimentario para llevar a cabo la conquista del país de arriba abajo, lo consumó ella o se lo hizo consumar a él. En ese sentido también era una ambiciosa irresponsable. En realidad, él era la mujer y ella el hombre" (Martínez, 184). Tenía en esa época veintiocho años.

Un segundo elemento fue su temprana muerte a sus treinta y tres años, esto alimentó su mito tanto por lo que hizo en vida como por lo que se imagina que podría haber hecho si no hubiera muerto, evidencia esto lo que cantaban los guerrilleros de los setenta: "Si Evita viviera sería montonera". Un tercer ingrediente es su actitud de redimir a todos los humildes, "fue el Robin Hood de los años cuarenta" (Martínez, 186). Estas reacciones le valieron denigrantes apodos que aludían a su vida íntima, a su condición de "bataclana", "prostituta", etc. Y otro factor fue su devoción por Perón y la falta de reciprocidad, se dice que Perón ha declarado "A Evita yo la hice… A Eva hay que verla como producto mío" (Martínez, 189). Estos elementos junto con la actitud de Eva de sacrificio y entrega devota a su marido, la elevaron moralmente.

Otro elemento que comenzó a operar ya en vida y se profundizó después de muerta fue su fetichización,[6] la idea de que "tocar a Evita era tocar el cielo", hay registros de que se le cortaron mechones de cabello al morir y que se vendían en joyerías de la calle Libertad, dentro de relicarios de plata y de oro así como de la mancha de rouge que dejó en una copa de champagne en una velada de gala en el Teatro Colón que se conservó

[6]El concepto de fetichización lo tomamos del estudio de Remo Guidieri, *El museo y sus fetiches*. La fetichización es el proceso de cosificación que solo es posible cuando se desliga al objeto de las condiciones históricas que hicieron posible su existencia. En este contexto, se trata de una suerte de mercantilización de los objetos artísticos, su transformación en objetos "que sirven para algo" y adquieren un valor de intercambio. La fetichización siempre está en relación a un efecto de sustitución, se trata de la atribución de nuevas funciones a un objeto por sobre las que originalmente ya poseía (Guidieri,1997:71-73).

por años en el Museo del Colón, etc.

Los relatos sobre sus donaciones y regalos a los más necesitados han construido una narrativa oral de su generosidad como emisaria de la felicidad de los más pobres (Véase Cap.II.2). La que necesitaba una pierna ortopédica, el que debía hacer reparto y precisaba un camión, el que solicitaba un ajuar para una novia humilde, son todos testimonios en los que la donación ocurre en un día soleado, de primavera, sin nubes y ella se presenta como portadora de la dicha, de allí que el agradecimiento sea infinito (Martínez, 195).

La proyección de un Monumento que nunca se terminó de edificar y que sería la sede única y eterna de su cuerpo luego de su muerte, fue fundamental para la construcción de su mito. Este proyecto del Monumento al Descamisado, diseñado como el más alto y el más costoso para que "los peronistas se entusiasmen y desahoguen sus emociones eternamente" fue impulsado por la misma Eva que en su testamento declara su ilusión de eternidad allí proyectada. Todos estos elementos coadyuvaron a la construcción de Eva como una santa (Véase Cap.IV.1).

I.3. Evita estetizada

Considerada un significante variable, Eva, ha podido re-codificarse según las posiciones estratégicas e inestables de sus enunciadores y así se ha podido construir un mapa que incluye desde una retórica heroica vinculada al peronismo hasta la reacción defensiva de una lectura liberal que no disimula su desprecio por la líder (de Mendonça y Lafosse: 2006). La posibilidad de revisar las figuraciones de su cuerpo admite organizar las producciones en cuatro grupos: "Eva-caníbal" es el primero. En este punto se trata de lo que Andrés Avellaneda (Avellaneda, 115) considera el ingreso de Eva Perón al panteón literario, el primer texto que aunque de naturaleza oral (y espeluznante) puede considerarse dentro de la escala canónica; un segundo eje propone las figuraciones de una "Eva-cadáver",[7] en sus dos versiones, como una "Eva-momia" y como una "Eva-

[7] Retomamos los dos ejes que propone Andrés Avellaneda en "Evita: cuerpo y cadáver de la literatura" (2002): *Eva, cadáver* (123) y *Eva, cuerpo vivo* (130).

muñeca"; el tercer grupo corresponde a un "Eva- cuerpo vivo" que supone una "Eva-zombie", ni viva ni muerta acompañada en algunos casos de convicciones revolucionarias muy profundas; el cuarto grupo da lugar a una "Eva-muda" debido al silenciamiento político impuesto sobre su figura durante la Dictadura Militar; un último grupo, lo constituyen las figuraciones de una "Eva-bronce" convertida en una "Eva-museal" (véase Cap.IV), neutralizada políticamente y considerada actualmente una "personalidad extraordinaria" (Véase Cap.V), ésta última es la que este estudio abordará de manera central.

I.3.1. Eva-caníbal

De 1949 a 1952

Desde un panorama general y a la vez académico sobre la aparición del peronismo en la ficción y en especial sobre el ingreso de la figura de Eva Perón en "el panteón literario", Andrés Avellaneda (2002) comienza el recorrido con una curiosidad: considera el relato oral conocido como "el mito del niño asado" el primer texto que la menta indirectamente. Aunque "humilde en la escala canónica" (Avellaneda, 115) lo ubica dentro del grupo de textos condenatorios -Eva estaría representada por una sirvienta cariñosa y amable que encubre a una mujer atroz y sanguinaria-, se trata de un rumor de intensa circulación en Buenos Aires a partir de 1949 estudiado con minuciosidad y considerado como mito moderno por la psicoanalista Marie Langer en 1950 en el ensayo "El mito del niño asado" (1966).[8] Se trata de la historia de una mucama encargada de cuidar a un bebé que acaba cocinándolo en el horno y se lo presenta como cena a sus padres (Véase Cap.II.2).

Este mito antropofágico tomado como verídico por los propagadores de la historia circuló durante la primera presidencia de Perón (entre 1946 y 1952), precisamente el período en que Eva Perón inaugura una serie de obras monumentales, muchas de ellas dedicadas a proteger la salud y la educación de los niños. Entre las más destacadas figura la "Ciudad

[8]Marie Langer fue una psicoanalista austro-argentina, fundadora de la Asociación Psicoanalítica Argentina en 1942.

Infantil", una ciudad en miniatura de dos hectáreas en el barrio de Belgrano que albergaba a niños de familias pobres o huérfanos. Langer resalta que es Eva Perón la que encarna el rol de la mucama, una mujer joven aparentemente buena, cariñosa, humilde y de baja condición, pero también perversa, peligrosa y temida. En esos días, resultaba muy arriesgado atreverse a criticarla, de allí su peligrosidad y por eso el surgimiento del mito. El bebé representa a la Argentina y sus padres a la clase odiada por Evita. Ella venía a despojarlos de sus bienes para repartirlos con el pueblo, bastaba que un descamisado le pidiera una máquina de coser, un medicamento o una bicicleta que ella se los conseguía. La oposición antiperonista, en cambio, la veía como "boca insaciable" y así el psicoanálisis explica el surgimiento y circulación de este mito siniestro. En 1950 ya comienza a hablarse de la enfermedad de Eva y de hecho en 1951 cuando renuncia públicamente a la vice-presidencia es que surge el otro mito: el de una Eva-Vampira. Se trata de una advertencia que se multiplica entre las madres de Barrio Norte de no llevar a sus hijos a los hospitales porque corrían un grave riesgo. Eva para recuperarse necesitaba sangre fresca y joven, y había ordenado que se la sacaran a los niños. Su figura se notaba delgada y su cara demacrada, lo que provocó rumores sobre su estado anémico y sobre la posibilidad de que padeciera cáncer. Julio Cortázar en su novela *El examen* (1950) relata el avance de una multitud salvaje, una suerte de horda que adora a una mujer rubia y vestida de blanco. Alude a la figura de Eva aún con vida, de afilados colmillos y uñas sedientas de sangre a la que los cabecitas negras consideran de una bondad insuperable y crea una tensión cercana al terror cuando convoca a la barbarie iletrada que la adora con devoción. Martínez Estrada sugiere que quizás ella con su pasión y coraje impropios de una mujer, de seguro "le gustarían las hembras" y que seguramente "tendría la desvergüenza de las mujeres públicas en la cama [...]".[9]

[9] La cita completa de Ezequiel Martínez Estrada es la que sigue: "Tendría (refiriéndose a Eva) la desvergüenza de las mujeres públicas en la cama, a las que tanto les da refocilarse con un habitué del burdel como con una mascota doméstica u otra pupila de la casa" (Martínez,1995:198).

Esta construcción monstruosa de Evita registra sus ecos en la literatura posterior ya en la década del setenta, en especial en Copi y en Néstor Perlongher (Véase Cap.II.3). El corolario de Langer observa que entre éste y otros mitos que analiza, la protagonista es siempre una mujer bondadosa y maternal que repentinamente se convierte en una imagen terrorífica pues se trata de una imagen que pertenece a las fantasías inconscientes sobre la madre presentes en todos nosotros (Langer, 94).

Juan José Sebreli, aunque desde un punto de vista sociológico y muy lejano a un sentir peronista, en su ensayo de 1971, encuadra el análisis de Langer en la perspectiva del psicoanálisis ortodoxo. Parte de la idea de que Eva Perón se ha convertido en uno de los tabúes más inquietantes y peligrosos de nuestro folklore político, y por tanto tiene la significación ambivalente de todo tabú, propio del "*sacer*" de los romanos: es lo sagrado, lo santificado y lo consagrado, pero también lo abyecto, lo execrable e impuro; "Ella es la musa, la diosa madre, y a la vez la mujer demonio, la madrágora, la manta religiosa." (Sebreli,107). Sebreli sostiene que si bien el análisis de Langer ofrece una explicación del tabú según la cual el peronismo sería una forma de la tendencia infantil de amor y odio hacia el padre, que estaría proyectado sobre la figura de Perón, y el amor a la madre sobre Eva; sin embargo, no daría cuenta de la razón por la cual las clases populares serían las que proyectan esa imagen buena sobre Evita y reprimen la mala ni por qué las clases altas harían lo contrario. También le critica a la psicoanalista la convicción de que todo el poder político de Perón estuviera apoyado por el mito de Evita. Muerta ella, Perón habría perdido toda su fuerza y toda la influencia mítica sobre las masas, lo que el sociólogo le señala a Langer es que no ha tenido en cuenta las condiciones económicas, políticas y sociales de ese escenario nacional. Sebreli fustiga duramente a Langer y la tilda de "pequeñaburguesa ligada a su clase" que lo que hace es, en definitiva, negar inconscientemente todo contenido racional al movimiento de masas y que su análisis no logra sortear sus prejuicios de clase (Sebreli, 108).

La cronología literaria y las reflexiones teórico críticas que proponen Inés de Mendonça y Juan Pablo Lafosse (2006) sobre los textos literarios que tematizan la figura de Eva Perón y que los autores asumen como una de las dimensiones de "ciertas prácticas históricas", no tiene en cuenta al "mito del niño asado", no lo mencionan siquiera. Proponen el inicio del sistema literario sobre el tema con un período y no con un texto fundacional en particular. A ese primer período lo denominan "Relatos de muerte" y comprende lo publicado entre 1952 y 1966: desde la defunción de Eva hasta el golpe militar que derroca a Arturo Illia en 1966. En tal lapso incluyen a Juan Carlos Onetti que en 1953 publica el cuento "Ella"; a Jorge Luis Borges con "El simulacro" de 1966; a David Viñas con "La señora muerta" de 1963 y a "Esa mujer" de Rodolfo Walsh de 1965. Consideran que este corpus textual comparte como eje narrativo la identificación de Eva con la de un cuerpo embalsamado.

Aunque el debate que desata Sebreli es interesante y el análisis de Langer resulta apasionante, es Avellaneda que de modo lúcido y pertinente incorpora "el mito del niño asado" al canon literario sobre Eva Perón como si se tratara de una proto-literatura sobre el tema. El mito o el "rumor" resulta fundante por lo inolvidable del relato y porque logra inaugurar en una misma trama tres senderos en la ficción argentina: el de la Eva cruel, despiadada y vengativa; el de la Eva santa, consagrada y piadosa; y el de la Eva mítica, eterna y ahistórica que hemos dado en llamar en el presente escrito: la "Eva museal" (Véase Cap.IV). [10]

En cuanto a las artes visuales, las relaciones entre peronismo y arte abstracto no fueron fáciles (Giunta, 177). Cuando en 1945 los artistas organizan el Salón Independiente con la intención de dejar expresada la oposición a lo que se asociaba con el fascismo y en apoyo al reclamo por la instauración de la democracia, una posición muy definida quedó trazada

[10]Aquí me permito una confesión biográfica y en algún punto histórica, pues este mito me fue relatado en mi infancia por un amigo de mi hermano curiosamente en una fecha que no me es posible precisar con exactitud, pero debe haber sido entre 1972 y 1974 en Buenos Aires. Contaba yo con diez u once años, el relato me llegó como verídico y me resultó conmocionante, nunca lo olvidé, claro que se trataba de una "sirvienta" y nunca se relacionó a la protagonista con Eva Perón. Resulta curioso pues ya habían pasado muchos años desde 1949 y corresponde justamente con el ciclo histórico denominado Tercer peronismo (entre 1973 y 1976). Período en el que fallece el Gral. Perón (1974) y su tercera mujer asume la presidencia con la ambición de encarnar el espíritu de Eva en su cuerpo. Quizá el mito haya resurgido en los setenta para generar nuevamente temores ante la posibilidad de que otra mujer de Perón encarne el poder frente a las masas. No me es dado confirmarlo, sólo conjeturarlo.

entre lo considerado la "alta cultura" y el peronismo. A diferencia del franquismo o el nazismo, el peronismo no presentó una normativa estética específica o determinada, actuó sobre la realidad preexistente rechazando o aceptando propuestas culturales sin un lineamiento prefijado lo que hizo que en varias ocasiones incurriera en contradicciones. El peronismo siempre prefirió la representación realista antes que la abstracción porque sostenía que la cultura debía llegar a todos los trabajadores de la patria "tan ansiosos de cultura como de justicia" así lo declara Eva Perón (Giunta, 177). Hubo una expresa y concreta voluntad de distribuir la cultura para que el pueblo tuviera acceso a lo que antes se les había negado. En este contexto, los salones nacionales incluían en las convocatorias polémicas exigencias en sus reglamentos que a los artistas abstractos no les era posible cumplir,[11] como por ejemplo que las obras incluyeran escenas de carácter folclórico o costumbrista. Por un lado, quedaba expresado el rechazo del peronismo a toda forma considerada críptica proveniente de la vanguardia artística argentina de la época por considerarla sólo accesible a unos pocos y por el otro lado, quedaba planteada la distancia entre los relgamentos y las cláuslas para la creatividad y la actitud de los artistas abstractos contrarios a cualquier marco institucional que coartara su libertad creativa. Sin embargo, tal como señala Andrea Giunta, durante el peronismo no se quemaron obras ni se hicieron exposiciones de "arte degenerado" ni tampoco se subastaron colecciones, a pesar del deseo del Ministro Dr. Iván Ivanissevich (1948-1950) de extirpar los peligros de lo que denominó un arte "morboso" (Giunta, 178). Esta posición algo rígida se fue moderando con el tiempo, en especial hacia 1952 en el evento que reunió cincuenta años de arte argentino y que evidenció la intención expresa de renovación y apertura internacional.

Cabe destacar, sin embargo, que entre 1948 y 1951 el que fue considerado "el pintor oficial", "el retratista del pueblo" fue Numa Ayrinhac (Véase Cap.V.1). En ese lapso realizó más de veinte retratos del Gral.Perón y de Evita de quien Andrea Giunta declara que "no era un simple

[11] Andrea Giunta señala que en el premio "Ministerio del Interior", del Salón Nacional de Artes Plásticas de 1946 solo podía concederse " a una "obra de carácter folclórico que [presentara] escenas, costumbres, paisajes y tipos característicos de las regiones del interior del país" (Giunta,1997: 178).

ilustrador"(Giunta, 179). Ayrinhac nació en Francia en 1881, en una primera etapa al radicarse en la Pcia. de Buenos Aires se formó como artesano, pero luego estudió con Ernesto de la Cárcova. Cuando vuelve a París, se forma en la Academia de Bellas Artes de la ciudad y en el taller "Grande Chaumière", obtiene reconocimientos, expone en el Salón de París y lo premian con la Medalla de Oro en la Exposición Internacional de Tolouse (Giunta, 180).

Ayrinhac regresa a la Argentina durante la Primera Guerra y se dedica a los paisajes y a los retratos, es él quien pinta el retrato más famoso de Eva que luego resultó portada de *La razón de mi vida* en la edición Peuser (Véase Cap. IV y V). Para la composición de retratos, en general sus retratados eran figuras de la alta sociedad nacional, utilizaba fotografías y bocetos, es decir que la pintura pasaba por varias mediaciones hasta su realización final. Ésta es una época que demanda numerosos retratos para vestir a los despachos y a las diversas dependencias públicas por lo que el artista recibía pedidos continuamente, lo que hacía entonces era reproducir el mismo rostro y optaba por cambiarle el vestuario. Ayrinhac es el responsable del diseño de la imagen pública de Evita: el cabello rubio y recogido en un rodete trenzado en la nuca, la rosa de color rosado y de seda natural sobre el hombro, el vestido de broderie negro y sus alhajas de rubíes y brillantes (Véase Cap.III.2). La imagen de una elegancia discreta y carente de excentricidades y desbordes se ajustó a la gestualidad que ofrece el retrato, una sutil sonrisa y una mirada dulcificada, y en el horizonte se puede apreciar la extensa cordillera.

Sesostris Vitullo, un artista hasta ese momento desconocido, realiza un busto de Eva Perón en 1950 que desconcierta a las autoridades argentinas: *Eva Perón ARQUETIPO SIMBOLO* (Véase Cap.V.1). Frente a un programa peronista mimético en pleno proceso de santificación y canonización de la imagen de Eva resulta al menos curioso que se le encargara a un artista residente en París como Vitullo que cincelara su imagen. Su obra está encaminada hacia la abstracción y concibe una Eva como mascarón de proa por su voluntad libertadora de las razas oprimidas de América (Giunta, 182). En la escultura de Vitullo no es posible reconocer los rasgos de la líder y cuando el artista la lleva a la embajada argentina, junto con la Dirección de Asuntos Culturales de Relaciones Exteriores de Francia que co-auspiciaba su exposición, las autoridades la trasladaron inmediatamente al sótano. Su obra luego es retirada de la embajada y se transforma en un misterio pues pocos llegaron a conocer su existencia. Como Vitullo muere al año siguiente, en 1953, la obra siguió siendo resistida durante largos años hasta que en 1997 la expone la Fundación Proa. Hoy la escultura de Vitullo forma parte del repertorio central de la representación de su figura y es propiedad de la Universidad Torcuato Di Tella.

El año clave en el proceso de "canonización" de la figura de Evita fue 1951 pues es el año en que el pueblo lleva su imagen como estandarte en ocasión de las elecciones del 11 de noviembre. Unos meses antes su imagen gana el espacio público en especial en ocasión de su histórico y memorable "renunciamiento" del 30 de agosto. Es la época en la que conviven paradojalmente el retrato apacible y confiable de Ayrinhac con el aspecto real de una Eva extremadamente delgada y ya muy enferma. El 18 de octubre se declara "Santa Evita " en lugar de "San Perón" evento que inaugura la ritualización de su figura que será la base y el fundamento mítico de la legitimidad del régimen.

La imagen que produce Ayrinhac y que hoy resulta icónica de Eva se encuentra en las antípodas de la figura que se delínea en el mito del niño asado. Esta producción visual que busca enaltecer a Eva en su apariencia y en su carácter resulta contemporánea a la figura de la legendaria caníbal; por un lado, se manifiesta una producción visual de clara y firme ideología peronista que convive con la de un monstruo moral que solo produce espanto construido desde las filas contrarias.

I.3.2. Eva-momia.
De 1952 a 1966

Una momia es un cadáver disecado o embalsamado de un ser humano o de un animal. El proceso de momificación se puede haber dado por causas naturales o ambientales, generalmente en climas extremadamente fríos, secos, alcalinos o por aislamiento de la intemperie. Esto rara vez ocurre, se registran muy pocos y fortuitos casos de incorruptibilidad natural. Sin embargo, la momificación se suele asociar al embalsamamiento que es una práctica en la que se utilizan resinas o bálsamos con el objeto de preservar la integridad de los cadáveres al evitar la putrefacción de la carne. Los pueblos del Antiguo Egipto, algunas culturas latinoamericanas como por ejemplo la de Chinchorro al norte de Chile y los Incas de Perú han descrito procesos y técnicas propias, diferentes entre sí, de conservación artificial de sus muertos como parte de sus ritos y costumbres funerarias. Es memorable el pasaje de Heródoto en *Euterpe* en el que describe el modo egipcio de embalsamamiento.

Las momias, en especial las femeninas, remiten a las muñecas y más remotamente a lasautómatas y a los robots. Las primeras suscitan terror en tanto que las segundas provocan espanto y curiosidad. Las muñecas fueron las musas surrealistas: una suerte de *femme-enfant* al estilo Breton, adjudicado no sólo a mujeres imaginadas como Nadja. Una muñeca-mujer-niña apareció en la portada de *La révolution surréaliste* en 1927, sentada en un pupitre, tomando nota y vestida con uniforme de colegio. Seis años después Hans Bellmer presenta su obra *La Poupée*, un monstruo-muñeca articulada que se desdobla a la altura del ombligo con una pierna que se proyecta sobre un brazo y el sexo sobre el hombro. Una erótica escultura de una joven de un metro cuarenta, de cabellos oscuros y con calcetines, cuatro piernas y senos de mujer. Obra que influyó en las *Broken Dolls* de Cindy Sherman en 1999: una oscura erótica de prótesis, pelucas y máscaras.

Nuestra gran muñeca-momia argentina es Evita, sus enemigos la manipularon, la amaron, la ultrajaron e idearon disparatados escondites para poseerla no sin pasión. El más audaz fue el del cine Rialto en el barrio de Palermo, detrás de la pantalla en la que se proyectaban películas. La literatura argentina diseñó una Eva pensada *en* la muerte, cerrada por dentro de lo cadavérico con figuraciones como la de Jorge Luis Borges en el cuento "El simulacro", publicado en 1960 en *El hacedor*, donde la considera como parte de una mitología, una "crasa mitología" escribe. La historia apunta al simulacro que encarnó Evita para las multitudes, por esa razón la presenta como una "muñeca de pelo rubio" inscripta en una "época irreal" y venerada en todos los arrabales"; en 1953, Juan Carlos

Onetti en "Ella" describe el cadáver de Evita pudriéndose y lentamente tiñéndose de color verde. David Viñas en 1963 publica el cuento "La señora muerta" que transcurre bajo la llovizna en la larga fila que se formó para ver por última vez a Eva en su féretro en los días de su funeral. Ya desde el título anuncia el estado sin vida de Eva y la refiere sin nombrarla con un apelativo conocido que a lo largo del relato vuelve a utilizar dos veces más pero su nombre nunca es mencionado. Rodolfo Walsh tres años más tarde en 1966 publica "Esa mujer" en el que presenta una Eva momificada, abusada, escondida y en manos de un enloquecido y posesivo Coronel de Ejército. El relato sitúa al cadáver de Eva como protagonista sin nombrarlo de forma directa y en relación a Moori Koenig con su extraño vínculo necrofílico con el cadáver embalsamado. Será muchos años después, en la década del noventa, que Tomás Eloy Martinez presentará su cadáver, pero lo hará con el agregado de su santificación.[12]

El cuerpo de Evita se instala como incrustación textual que se resiste a ser narrado desde un dispositivo dualista, el de cuerpo y sujeto, y por extensión el de Civilización y Barbarie (Ferro, 1998). Precisamente desde esa resistencia emerge el imaginario reprimido, el de las tradiciones populares, su cuerpo no puede ser explicado desde una tradición racionalista (tomista o cartesiana) que considere el cuerpo como materia y fundamento de la existencia del sujeto pues se trataría de un cuerpo sólo para ese sujeto, lo retira de toda pertenencia que lo exceda y lo limita a su solo individuo. El caso del cuerpo de Eva resulta inseparable de la comunidad, del gran cuerpo social y por lo mismo se torna un suplemento muy peligroso. Ferro enfatiza que ese cuerpo opera como un extraño que interfiere en los acoplamientos de sentido, que no se deja contener en los intersticios del texto.

Cuando en 1955 el Gral. Perón es depuesto y pronunciar su apellido se convierte en prohibición expresa, se confirma la afirmación de John William Cooke de principios de los sesenta de que el peronismo es "el hecho maldito de la política argentina". Así lo plantea Andrés

[12] En2022 se estrenó la miniserie *Santa Evita* por la plataforma Starplus inspirada en el volumen de Tomás Eloy Martínez de 1995 y protagonizada por la actriz uruguaya Natalia Oreiro en el papel de Evita.

Avellaneda (2002) en su ensayo sobre el cuerpo y el cadáver de Evita en la literatura argentina a propósito de la denominada "dieta antiperonista". La perspectiva de Avellaneda privilegia las relaciones que mantienen la literatura, la sociedad y la política con la convicción de que una historia de las estrategias retóricas en que se apoyan ciertas prácticas de significación ideológica por y en la literatura resulta una suerte de endohistoria ella misma.[13] El autor no intenta enfocarse en convocar enconos y amores coyunturales sino en examinar las elecciones discursivas y formales que la literatura ha plasmado a la hora de cuestionar o promover los mitos sociales argentinos. Le interesa especialmente esa apreciación y la plantea al inicio de su ensayo porque le permite trabajar lo que genera la prohibición de nombrarlo. Es el interdicto el que diez años más tarde se transforma en "fantasía irresistible" pues "el tabú deviene en fetiche" y luego termina en tragedia en 1976 (Avellaneda, 101). La breve cronología de Avellaneda es que el peronismo fue un hecho maldito después de 1955 y muy brevemente y deja de serlo cuando emerge la literatura antiperonista que desarma el tabú entre los sesenta y los setenta cuando surge la revisión del movimiento desde la izquierda clásica y la neoizquierda. Más recientemente, se revisa como intertexto de los mitos sociales argentinos en la literatura. De allí que el interés del autor se centre en los usos de la lengua y de los saberes (incluyendo los políticos y los ideoloógicos) sin detenerse en los temas sino en el discurso, no le interesan los mandatos ideológicos sino la potencialidad del lenguaje. Cuando refiere a la discursividad se enfoca en la ficcionalidad de lo político dejando de lado la referencialidad política. Su atención está centrada en los sentidos ficcionales que abren a los lectores coetáneos a nuevas percepciones de lo que es difícil o aún imposible de ver y no en que la literatura logre reflejar adecuadamente las agitaciones políticas y sociales de la época (Avellaneda, 105).

Cuando la literatura se propone una nueva producción ideológica de sentido, afirma Avellaneda, se ve obligada a encontrar un sistema

[13]La endohistoria establece la "voz" de historias locales y de sujetos desplazados al tiempo que tiene el propósito de "recuperar la 'particularidad de perspectivas narrativas' que incluyen sistemas epistémicos de construcción de la conciencia histórica (con su respectiva poética y temporalidad) que deben recibir la legitimidad que la producción occidentalizada de saberes le negó sistemáticamente" (Agüero y Rufer,2007:158)

retórico adecuado (Avellaneda, 111). A veces se recurre a la inversión, otras a la mezcla o al montaje de residuos de la cultura de masas con discursos de saberes prestigiosos, es así que se puede lograr producir un nuevo sentido por ejemplo recurriendo a prácticas discursivas desnaturalizadoras y desesencializadoras para construir nuevas ideologías incluso subversivas. Partiendo de estas bases, Avellaneda aborda la escritura sobre Eva centrándose en las que están dominadas por el cadáver ("la sombra del cadáver") y las imantadas por el cuerpo vivo ("el poder del cuerpo vivo") (Avellaneda, 113) que él organiza en un recorrido histórico.

I.3.3. Eva-zombie.
De 1966 a 1976

En el segundo grupo se inscriben los narradores que han abierto ese círculo cerrado en torno a su muerte y comienzan las producciones de Eva como cadáver hacia una apertura de fuerza ilimitada, lo que Avellaneda denomina "la inversión del *topos* borgeano". Leónidas Lamborghini en el poema "Eva Perón en la hoguera" de 1972 (Véase Cap.II.2) recupera a Eva en el discurso, la resucita desde la voz y la retórica para que su discurso transmute al tiempo que recnocemos los tópicos y los giros que se leen en su texto fundacional *La razón de mi vida* (1951). Una aproximación más *camp* es la que presenta Copi en *Eva Perón*, una obra de teatro estrenada en París en 1970 que presenta a una Eva transexual que muestra su trasero y entrega su cuerpo para que la devoren: "Soy la Cristo del peronismo erótico" y declara: "Cojanmé como quieran". En 1975 se lee una metamorfosis del cuerpo de Eva en el relato de Néstor Perlongher "Evita vive" en el que su figura en continua transmutación se constituye en "el cadáver de la nación".

En esta etapa Copi, Néstor Perlongher, Manuel Puig, Guillermo Saccomano, María Elena Walsh, Marcelo Figueras y Mónica Ottino proponen una suerte de "proto-Eva" más viva que nunca. Este grupo de textos literarios proponen una Eva como cuerpo vivo, la convicción de Andrés Avellaneda (Avellaneda, 131) es que anulando la posibilidad de pensarla como cadáver se politiza la literatura. Estas estetizaciones de su cuerpo se atreven a involucrarse con su sexualidad y se menciona su androginia en una suerte de Eva-macho carente de toda sensualidad. Hay tres leyendas, la blanca que retrata a una Eva mártir y angelada; una negra, mala, de la Eva prostituta y ambiciosa y una tercera leyenda que es la de la Eva roja: marimacho manejando los hilos del mundo político (De Grandis, 203). Bajo el impulso de politizar la literatura, las producciones argentinas de esta etapa incorporan a Evita en clave *camp*, y con recursos *queer* que la transforman en vampiro, en adicta y en prostituta (Véase Cap.II.3).

Estas producciones están en línea con los mitos que circulaban en la década del 40, el del niño asado entre otros, pero que en su totalidad referían a una mujer bella y maternal que súbitamente se transforma en un monstruo, en una vampira o en una muerta en vida (Langer, 1966). En clave de folletín, el arte y la literatura recuperan a una Evita de la primera etapa de actriz, la del filme de Mario Soffici, para tejer un antiguo mito de las "estrellas" en el universo *kitsch* del cine argentino de la época (los 30 y los 40), el estereotipo de la mujer de turbio pasado que brindándose a los pobres y desvalidos logra purgar sus "errores". *La Pródiga* (Véase Cap.II.1), filme premonitorio que anunciaría el relato cristalizado de su propia vida, abunda en exceso y sobreactuación encarnado en un cuerpo bello y demasiado débil para contener la fortaleza de espíritu que la caracteriza, se convoca nuevamente al clásico mito de la clase media argentina de la época (Sebreli, 1992). Incluso los discursos de Eva inspirados en la elocuencia evangélica y en el folletinismo universal dirigido a la intimidad resultaban fundados en el amor burgués de pareja que ella lograba proyectar hacia los asuntos de Estado (González, 1997). El posterior *chignon* que adopta como peinado icónico junto con el traje sastre y la discreción general la asemeja a una misionera o a una representante del Ejército de Salvación (Sánchez, 1997) ya muy distante de la Eva de *coiffeur* barroco-kitsch, de plumas, flores y capelinas. Se opera en ella un tránsito de la imagen corporal frontal hacia una silueta en favor del perfil, el *chignon* definitivamente ya anticipa el bronce del busto (Moreno, 1994) pues sustrae la nuca como objeto erótico (Véase Cap.V). Ese gran cambio en su cabeza le permite ya no tener que mirar de frente al objetivo del fotógrafo, se convierte en el reverso de una moneda o en un camafeo.

I.3.4. Eva-muda
De 1976 a 1983

El silenciamiento de Evita comienza el 24 de marzo de 1976 fecha en la que se inicia la dictadura autodenominada *Proceso de Reorganización Nacional*, no se registran representaciones artísticas de su figura durante este lapso. Durante estos años resulta imposible publicar cualquier texto que discrepara con el pensamiento oficial y hegemónico.

Cabe recordar la ópera rock que ha proyectado su nombre internacionalmente "Evita" de Tim Rice y Andrew Lloyd Webber estrenada en 1978 en el barrio West End de Londres, un álbum absolutamente prohibido en esos años en la Argentina. En la versión cinematográfica norteamericana y ya en democracia, la interpretó Madonna y pudo filmar en el mítico balcón de la Casa Rosada de Buenos Aires con la autorización del Presidente en ese momento, Carlos S. Menem en la década del noventa. "No llores por mi Argentina" es la canción de Rice y Webber que representa un discurso de Eva a los descamisados al convertirse en Primera Dama en 1946 y que ha sido luego versionada por múltiples cantantes de todo el mundo entre las más renombradas: Madonna, Paloma San Basilio, Elena Roger, Julie Covington y Sinéad O'Connor, entre otras.

I.3.5. Eva-santa y Eva-máquina
De 1983 a 1995

Con el retorno de la democracia en 1983 se inicia un proceso de revisión de todos los hechos del pasado reciente silenciados, ocultos y tergiversados por la dictadura militar argentina. Se observa una firme presencia de relatos y registros visuales históricos que arrinconan a la literatura de ficción pues se impone la necesidad de contar la *verdadera historia* para oponerla a aquella construida por quienes recién abandonan el poder (de Mendonça y Lafosse, 2006).

Andrés Avellaneda agrupa una serie de textos literarios que se ocupan de Eva como cadáver que tienen ya un antecedente en el relato de

Juan Carlos Onetti de 1953 y el ya citado de Jorge Luis Borges de 1960; en una vereda opuesta ubica a *Eva de América* de Osvaldo Guglielmino de 1983 y en línea menemista a *La pasión según Eva* de Abel Posse de la década del noventa (1994). Los casos de Mario Szichman en *A las 20:25 la Señora entró en la inmortalidad* (1986), de Tomás Eloy Martínez con *Santa Evita* (1995) y de "El único privilegiado" de Rodrigo Fresán (1991) escriben desde el cadáver de Eva, pero trascendiendo su mortalidad "por la fuerza que inyecta más allá de la muerte" (Avellaneda, 130), se trata de un cadáver que emana un fervor perturbador y potente. De la misma década es el asombroso cuento de Luis Guzmán "La razón principal" de 1990 en el que la voz del locutor que anuncia su deceso por radio en 1952 es absorbida por la inmortalidad de Eva hacia la isla donde el Ingeniero Richter ideó el Proyecto Huemul entre 1948 y 1952 con el apoyo del Gral.Perón durante su Primera Presidencia.[14] A todos ellos, aunque de ideologías contrarias, el autor los sitúa emparentados "por la servidumbre semiológica a un cuerpo muerto de Evita pensado como cierre y clausura" (Avellaneda, 124).

En 1992, con la publicación de *La ciudad ausente* de Ricardo Piglia se produce un cambio en las figuraciones de Eva Perón, se trata de un quiebre que se encuentra ya prefigurado en el cuento de Luis Guzmán de 1990 que consiste en la desaparición de su cuerpo. Si en alguna etapa fue resucitada por el arte y la literatura como muerta en vida, en otra fue cadáver, en otra fue momia, en esta etapa su cuerpo se esfuma al tiempo que otra vertiente la santifica. Su santificación en algunas figuraciones es un recurso que corre paralelo al de la omisión de su cuerpo. En el relato pigliano, Eva carente de corporeidad orgánica ahora es transformada en una máquina (Véase Cap.II.3). Hacia 1995, César Aira escribe "Las dos muñecas" instalando la idea de las réplicas de Evita y abriendo paso a lo que luego expondrá Nicola Costantino en su obra visual *Rapsodia Inconclusa* varios años después (Véase Cap.III.1).

---

[14]Vale mencionar que Ricardo Piglia incorpora al Ingeniero Richter como personaje de su novela *La ciudadausente* (1992) bajo el nombre de Ing.Russo. Una historia imbricada, en la misma novela, con la de una Eva-máquina desolada y abandonada en una isla que remite a la isla huemul del Ing.Richter, a la del *Finnegan's Wake* de James Joyce y quizá a este cuento de Guzmán (Véase Cap.II.3).

Las de Aira son dos muñecas, pero no inertes, se trata de una suerte de autómatas perfectas e idénticas que dialogan y gesticulan hasta que un día se encuentran cara a cara. Por esta razón se ubican en la línea de la omisión del cuerpo, pero al igual que en la novela de Piglia y en la instalación de Costantino no hay santificación alguna (Véase Cap.II.3). En este sentido se separa de la línea de Tomás Eloy Martínez, aunque surjan en una misma etapa. Esta descorporización carnal, sin embargo, es consistente con los dos movimientos pues la santificación apela a lo sobrenatural e incluso a los intentos de que su alma reencarne en el cuerpo de Isabel Perón. La línea de la santificación incluye los poderes de ultratumba y cierta maldición que padecen los que han maltratado su cuerpo embalsamado estableciendo una continuidad con el cuento de Rodolfo Walsh "Esa mujer" de 1966 (Mendonça y Lafosse, 2006). Además de *La pasión según Eva* de Abel Posse (1994) y *Santa Evita* (1995), se puede agrupar en esta vertiente a *La novela de Perón* (1985) de Tomás Eloy Martínez que presenta un apasionante discurso desde los límites de la ficción y del relato histórico a la que el propio autor ha denominado "ficciones verdaderas" como si se tratara de metáforas de la historia. Es en esta etapa que se considera que Evita ingresa en la eternidad, entre la historia y el relato mítico pero también esa ausencia de cuerpo da lugar a otro tipo de producciones en las que predomina la evocación corporal y más tarde la proliferación de su imagen en la que va a resultar central la mirada, la especularidad y la recursividad (Véase Cap.V).

Cuando el arte y la literatura se apropian de la "Eva-camafeo" es cuando se produce el quiebre y se comienza a delinear la última etapa en sus estetizaciones: la de la "Eva-bronce" o "Eva-Museal" que muta su imagen en una heráldica argentina. Esta transformación es la que induce a su velamiento en nombre del respeto a la figura histórica y con admiración ecuánime por considerarla una personalidad nacional excepcional. Esa excepcionalidad resulta ser un efecto del "fuera de lugar", las deficientes cualidades actorales para la escena artística resultaron excepcionales en la escena política (Sarlo, 2003). Tal desplazamiento permite postular los dos cuerpos de Eva, su cuerpo político que la coloca por encima de las contingencias de su cuerpo material pues es imperecedero, y su cuerpo físico, doliente, que se encuentra al servicio del primero. Su silueta da cuerpo a la sociedad de los peronistas y también a la sociedad que la odiaba, se trata de un fenómeno de identificación en el que millones de argentinos se reconocieron en ella, ella es el cuerpo del régimen. Ese cuerpo se tornó cada vez más intemporal, y su trágica muerte le dio el carácter de sublime, Sarlo lo denominó "lo sublime pasional". El tratamiento de su cadáver y el espectáculo que rodeó a su muerte fue un exceso, un desborde que sobrepasó la medida humana. Su momificación transformó al cadáver en ícono del peronismo y en objeto de culto político personalizado.

Nuestro comienzo de siglo nos brinda una Evita estereotipada y convertida en producto de la denominada postmodernidad globalizada, devenida ya en mito local y en mito alienígena de la cultura de masas (Santos, 1999). Ha nacido como madre simbólica en la experiencia que tiene en cuenta al otro plural, a los mutiplicados descamisados amados que conforman una pluralización materna y política (Dominguez, 2004). El arte y la literatura argentinos desde 1992 hasta nuestros días ha generado figuraciones corporales no esencialistas de Eva, sino que se ha ocupado de resaltar la multiplicidad y la ambivalencia de su imagen (Maffía, 2003). Al desarmar los binarismos y las jerarquías que ordenaban la distribución de lo sensible, todo el universo de los perceptos y afectos, nos encontramos ante la recuperación de la materialidad de los cuerpos, recobramos su consistencia carnal ahora proliferante. ¿Cómo se organizan las configuraciones sensibles en la literatura y en las artes?, ¿cómo se distribuye ese ámbito de lo sensible, qué se presentará visible y qué no?, ¿determinará una nueva articulación entre estética y política? (Rancière, 2010). *Que en la época de la recuperación de la materialidad carnal, las figuraciones corporales de Eva se diluyan o se ofrezcan escenarios de su ausencia y luego proliferen en espectrales imágenes recursivas o especulares es lo que este estudio se propone examinar.*

I.4. La mirada

Toda mirada esconde un reverso (quizá varios), o como señala Gérard Wacjman "toda imagen esconde una mirada", en la espesura de la imagen, bajo su aparente plenitud "hay un ojo en el fondo" (Wacjman,

2011, 18). No se trata de profundidades que oculten esencialismos, sino de una suerte de sombra que trae consigo toda imagen en la que anida un ojo que mira. Toda imagen trae inscripta en sí una mirada o como indica John Berger: "Toda imagen incorpora un modo de ver" (Berger, 10). El poder de la mirada consiste en ver sin ser visto, la clave es que permanezca en las sombras, así operaba el poder del amo, el del guardia de la prisión panóptica concebida por Jeremy Bentham y en última instancia la del mismo Dios que todo lo ve. Si tomamos por cierto que mirar es un acto de elección entonces sólo vemos lo que miramos (Berger, 8), la pregunta es si podemos ver más allá del horizonte que dibuja nuestra época y la cultura a la que pertenecemos. Si nos desviamos del pensamiento de Berger podemos pensar que quizá no seamos tan libres de ver lo que deseamos como él afirma, sino que el contexto cultural e histórico es el que nos permite mirar lo que podemos ver. De todos modos, resulta apasionante tomar por cierta su posición porque nos incita a que intentemos mirar más allá de nuestros paradigmas y así ejercitar posibles nuevos modos de ver.

En la imagen se pueden reconocer incorporadas dos miradas, una es la que deliberadamente eligió su autor, artista o productor, es esa visión seleccionada por él mismo de entre las posibles, "entre una infinidad de otras posibles" declara Berger (Berger, 10). Se podrá descifrar a partir del tema elegido, la perspectiva tomada, el género con el que se contó en el caso de la literatura que claramente construye imágenes, el diálogo que establece con otras obras, las luces y la sombra, la técnica aplicada, los protagonistas o aquello ubicado en primer plano, entre otras cuestiones. Sin embargo, hay una mirada inscripta en la imagen, de la que quizá no sea tan consciente su productor, que no se relaciona con su registro documental o con sus resoluciones premeditadas y que no siempre es tan simple de penetrar cuando los espectadores compartimos un mismo contexto epocal y cultural con su autor. Esa mirada que se nos presenta como encriptada suele negarse a ser captada, se nos resiste a la lectura, se oculta al tiempo que la sospechamos, y sin embargo, como espectadores y lectores la vislumbramos. En un estado de presunción experimentamos esa mirada que toda imagen enmascara.

Teóricos entre los que se encuentra el citado Wacjman sostienen que asistimos a un escenario inédito en la historia de la civilización denominado hipermodernidad entendida como "la civilización de la mirada". En este inicio del siglo XXI la mirada del amo ya no se encuentra oculta, sino que está al descubierto, su ojo se encuentra en todas partes y en todas partes es visible, en las cámaras de vigilancia, en los celulares propios y ajenos, en scánners y pantallas de todo tipo pues "hoy los objetos ven" (Wacjman, 2011, 19). Si así fuera, no habría ya un reverso de la mirada pues estaríamos siendo vistos sin saber por quién, sin conocer al individuo que nos mira, se trata en todos los casos, no caben dudas, de la mirada del amo. Un amo disperso y diluido en múltiples miradas de las que somos objeto sin tener la posibilidad de verlo, su ojo está en todas partes, pero no podemos devolverle la mirada. Es la sociedad del espectáculo unida a la sociedad de la vigilancia, una fusión que nos la ofrecen a domicilio y que conformará lo que los teóricos contemporáneos denominarán el mundo encaminado hacia la transparencia. Wacjman caracteriza a nuestro actual mundo como un "inmenso campo de miradas" de diversas especies: miradas que miran, miradas que vigilan, las que controlan, las que exploran, las que observan y las que calculan, las que registran el cuerpo y las que lo desnudan o excavan. La mirada caracterizada como nuestro Leviatán por ser un ojo sin párpado que está sobre el mundo, es la mirada que trata de "ver todo, siempre y de hacer que todo se vea" (Wacjman, 2011, 21). Éste es el ojo universal también denominado el ojo absoluto.

Una imagen lleva inscripta una mirada y nuestro modo de ver, en el mejor de los casos, puede ser una elección, en el caso que logremos resistirnos a lo que nuestra época nos incita a ver. Descubrir qué mirada se encuentra encriptada en la imagen que miramos ¿será inescindible de nuestro modo de ver? Resulta maravilloso intentar ese ejercicio, aunque siempre quizá tengamos un filtro epocal y cultural que nos impida ver más allá de nuestra historicidad. La variabilidad cultural de la experiencia ocular determina ciertas reglas convenidas que se encuentran tácitas en cada uno de los regímenes escópicos. Tal como señala Martin Jay: el ojo no es un mero receptor pasivo de luz y color, todo lo contrario, es el más expresivo de los órganos sensoriales junto con el tacto (Jay, 2007, 16). El ojo, a diferencia de los otros sentidos, tiene una capacidad de expresión que obedece a la voluntad consciente del espectador y así lo habilita a expresarse de modo deliberado. Sostiene Jay, que uno de los aspectos más extraordinarios de la visión es "la experiencia de ser objeto de la mirada" (Jay, 2007, 17) lo que abre a un extenso rango de posibilidades que van desde el delirio paranoide de ser objeto de vigilancia hostil y permanente hasta la excitación narcisista de quien se siente objeto de atracción de todas las miradas. Incluso la sensación de no ser en absoluto objeto de la mirada del otro puede provocar un quiebre en la autoestima al tiempo de tener un poderoso efecto de subordinación hacia aquél que nos evita. No siempre que se mira se espera reciprocidad, a veces sólo se espera impresionar con la presencia y cuando esto se logra se inaugura la distancia. La distancia conquista el respeto, así como la proximidad logra la intimidad, pero cuando los trayectos entre miradas varían sin una lógica aparente, cuando las miradas se cruzan carentes de un centro de atención, la riqueza del ojo se despliega.

Lo que sigue se ha organizado según cuatro regímenes escópicos diferentes: el barroco, el velado, el museal y el plegado. Vale una aclaración indispensable: cuando se argumente desde el concepto de mirada ésta incluirá también a la perspectiva que se asume en una narración, el punto de vista y las elecciones que realiza el narrador en el momento de iniciar un relato. El propósito de lo que se está por leer ha sido entablar un diálogo lo más fluido posible entre las imágenes y las palabras, entre la literatura y el arte visual en aras de intentar la disolución de los compartimentos estancos entre las artes. La selección de las obras aquí referidas ha tenido el imperativo de tratar sólo producciones de autores y artistas argentinos con el afán de promover su labor y con el reconocimiento de las propias limitaciones sociales y culturales que se imponen al momento de reflexionar y argumentar sobre ellas.

Este recorrido escópico se inicia con *la mirada barroca* que es justamente la que pone en crisis al ocularcentrismo, incluidas la claridad y la luz, pues la visión barroca supone una fascinación por las sombras y la oscuridad. Lo barroco se distingue por su preferencia por lo informe y por la imperfecta especularidad, es decir, por el desajuste entre lo que se enfrenta al espejo y la imagen que eso mismo refleja. Esa distorsión entre la imagen refleja y la cosa impide cualquier tipo de reciprocidad o de especularidad identitaria. Tal falta de concordancia, pensada en términos hegelianos cancela toda posibilidad de superación entre las partes, esa fractura entre lo que se sitúa frente al espejo y lo que el espejo refleja, que Jay denomina esquizoide, es la que prefiere lo barroco (Jay, 2003, 212). La mirada barroca es antiplatónica y anticartesiana porque no percibe regularidades ordenadas ni jerarquías que se encaminen gradualmente de las sombras hacia la claridad, en cambio, se deleita con los claroscuros. Descarta las formas geométricas y proporcionadas porque tiene debilidad por lo monstruoso, la superposición y los excesos. La mirada barroca no se alínea con una mirada panóptica o divina porque no es posible fijarla en un solo centro, ésta es la causa de su melancolía y de su pesar. Tal desajuste entre el deseo de representar y la frustración por la imposibilidad de lograrlo la convierte en una experiencia visual pesimista y angustiosa. Es una mirada de lo irrepresentable plena de incertidumbre que se abre a dos caminos que se bifurcan: uno será el de la humillación por la incapacidad de reflejar punto por punto lo que el ojo percibe; y el otro sendero, será el de la plena convicción de esa imposibilidad que se deleita con el desconcierto, que no se perturba, sino que lo festeja pues parte de la convicción de la imposibilidad de reflejar o representar especularmente nada. Esta es la senda que recorren las producciones de la figura de Evita que se proponen en este apartado (Véase Cap.II), desde un goce por lo informe y lo monstruoso con la convicción de que es ésa la mirada más revolucionaria capaz de dar cuenta de su figura. En una primera sección se aborda la obra de Leónidas Lamborghini "Eva Perón en la hoguera" y su relación con dos formas míticas, la regresiva y la progresiva, en las que se teje la figura evitista. La obra de Lamborghini se encuentra por fuera del corpus que intenta subrayar este trabajo, sin embargo, se ha incorporado para sentar el precedente barroco y su influencia sobre las obras más contemporáneas. Lo que se subraya es la operación de variación que compone sobre la obra de Eva Perón en su poema y que plasma una redefinición mítica con recursos barrocos. Lamborghini recorta, reitera y vuelve a mezclar el original evitista de 1951 en una zona incierta entre el homenaje y la parodia. El segundo apartado despliega un diálogo entre el filme *La Pródiga* de Mario Soffici (1945) en tanto parábola anticipatoria del ascenso de Evita de hetaira a mártir. Se trata la transposición del relato de Pedro Antonio de Alarcón al cine en intercambio con las construcciones monstruosas de Eva que la sucederán en la década del setenta junto con una constelación de las imágenes cliché que educaron nuestra vista para que apreciemos esa construcción de heroína. Entre la novela, el filme y las imágenes a las que nos remite ese relato se teje un largo y extenso bucle barroco sin comienzo ni final. La tercera y última parte sienta los conceptos fundamentales de lo que los teóricos proponen como barroco latinoamericano con el objeto de desplegar las mutaciones monstruosas del cuerpo de Evita que el arte y la literatura han presentado. En lucha con una identidad estable y única, el análisis potencia la idea de que la riqueza artística de estas producciones es justamente la variedad excesiva y no conceptualizable. Una Evita máquina con resonancias macedonianas devenida en una Eva Futura sola en una isla joyceana surge en *La Ciudad Ausente* de Ricardo Piglia (1992) y dibuja en el relato una serie de mutaciones que devienen en una máquina literaria e inevitablemente histórica. En línea con estas transformaciones morfológicas, la producción visual del *Manual del niño peronista* de Daniel Santoro (2002-2009) amalgama la figura de Eva con seres mitológicos que encarnan un misterio sugerente que deberemos descifrar por encarnar el gran enigma peronista. La obra visual que atraviesa de modo recursivo todos los apartados del presente escrito es *Rapsodia Inconclusa* de Nicola Costantino (2013) por la insistente ausencia de cuerpo que evoca un cadáver que no puede ser visto hasta el juego de espejos que reflejan el doble de Eva en la piel de la misma Costantino. La artista imita su apariencia y sus gestos, posa como réplica de los variados rostros y roles de Eva sin intención de resolver esas multiplicidades en una única imagen. La obra despliega una rapsodia de reflejos especulares, simulacros, copias y ausencias invocadoras que se imbrican entre sí para no concluir en una identidad ni tampoco para resolverse en ninguna unificación.

El segundo eje escópico tiene por título *la mirada velada*y planteauna mirada que se inaugura para percibir lo que se oculta. No se trata de un silenciamiento u ocultamiento sin más, sino de una puesta en escena para notar lo que se encubre. No es una paradoja pues no hay contradicción irresoluble entre el ver y lo velado, pues hay que poder percibir la veladura y las producciones artísticas de esta sección hacen visible lo que no se ve o bien lo que se desea reservar, en este caso, el cuerpo de Evita (Véase Cap.III). La mirada velada es una expresión que evoca a la diosa hindú Maya y a su velo, el de la apariencia, el que cubre la verdad, es la diosa que personifica a la ilusión. Esa veladura que remite al mundo fenoménico que los humanos tomamos por real es la trampa en la que kármicamente quedamos atrapados porque nos impide alcanzarla. Maya es la diosa a la que cita Friedrich Nietzsche para configurar el principio vital apolíneo como una forma de la mentira. El ocultamiento del cadáver de Evita en el arte y en la literatura en los inicios del siglo XXI, no obstante, no hace más que remitirnos insistentemente al cadáver que no podemos ver, que se nos oculta a pesar de haber sido dispuesto para su perpetua exhibición. En una primera sección se presenta la ya referida obra de la artista visual Nicola Costantino, *Rapsodia Inconclusa* (2013) que evoca el cuerpo de Evita desde la ausencia misma de cadáver. La obra se propone como gesto radicalmente opuesto a los procedimientos que su cuerpo embalsamado recibió *post-mortem*, los ultrajes y las humillaciones, pero también se presenta como un acto de resistencia pues lo que se instala es una vacancia significante. Tal veladura de su cuerpo se expone en contrapunto con una multiplicidad de Evas falsas encarnadas en la figura de la propia artista. Espejos, espejismos y desapariciones del cuerpo de una mujer devenida en objeto venerado. El segundo apartado de este eje está dedicado a la *Serie Evita* (2012-2014) de la artista visual Graciela Henriquez en referencia a la tradición de las cajas-objeto en la historia del arte y a la decisión de expresar a través de ese recurso su mirada sobre la Líder. El ocultamiento inscripto en su obra se da en el cuerpo de Eva al igual que en Costantino, pero con distinto lenguaje artístico. Su obra despliega su variado vestuario en pequeñas cajas que evitan el diseño de su cuerpo. Los accesorios y los complementos que acompañan sus trajes la evocan desde diferentes ángulos en un relato que oscila entre la ingenuidad y la profundización de esos indicios que sirven a la construcción de la leyenda blanca evitista.

*La mirada museal*es el tercer eje (Véase Cap.IV) yse consagra a la tarea de conservación y exhibición de la obra en cuestión para lograr la operación museal sobre la imagen de Evita y su inevitable transformación en fetiche. Con la mirada museal la imagen se autonomiza respecto de su referente inicial -la Evita histórica, la que vivió entre 1919 y 1952- y se transforma en una imagen estetizada y con valor de exposición. En ese desvío se opera una sustitución de la Eva pre-museal a la Eva museal y esto genera una dualidad pues nunca se pierde de vista a la Eva histórica que siempre subyace a las operaciones de cristalización que se ejercen sobre su imagen. La sustitución de la musealización de las figuras jamás es completa ni definitiva, nunca se consigue anular del todo a la Eva premuseal, sino que constituye una derogación que siempre plantea problemas. El museo es una máquina cultural que tiende a la acumulación, no es ajena a la sociedad en la que está inserta, de allí que la mirada museal perciba la saturación de imágenes y objetos para la conservación y exhibición. Es la que descubre el estallido y la diseminación del fenómeno museal por fuera de las paredes del museo tradicional. Probablemente por el temor a que las imágenes de Eva desaparezcan es que se haya operado sobre su imagen, una fetichización museal, para garantizar la permanencia de su imagen en nuestra cultura. El riesgo que se corre frente a semejante expansión es que las figuraciones de Evita acaben saturando la mirada y una vez atravesado su momento museal sea deyectada, abandonada o deteriorada. Así opera nuestra industria cultural, produce, luego arrincona y más tarde acaba destruyendo con asombrosa velocidad. La otra amenaza, que quizá se convierta en su riqueza, es que como todo objeto museal es pasible de un proceso de metaforización que puede inducir a una semiosis ilimitada. Al atribuirle a la Eva histórica una función estética -entendida en sentido amplio, pues es aquello que será exhibido- ese doble artificial, producto de la metáfora, es objeto de múltiples significaciones a medida de las diversas ideologías epocales. La mirada museal nunca podrá desandar ese camino de la metaforización de su figura porque es intrínseco a su musealización y así, lo que puede llegar a conservarse será una figuración de Eva cercana a una cristalización, fija y ahistórica en el peor de los casos, diseñada para el consumo. Esta sección aborda los distintos espacios museales dedicados a conservar y homenajear la memoria de Eva Perón. Desde el Monumento al Descamisado de 1952 que nunca fue concluido, al Coloso de Avellaneda y al Museo Evita. Lo que este escrito propone como nuevos espacios de conmemoración son los restaurantes peronistas. Nunca hay una mirada inocente o ingenua al diseñar espacios de la memoria, se elige qué recordar al tiempo que se decide qué dejar en el olvido. De eso se trata la memoria, de seleccionar, de potenciar ciertos aspectos y de suavizar otros, un memorial es un producto de múltiples decisiones que toman los que tienen el poder de rendir homenaje. En conformidad con esas preferencias, la mirada museal construye el personaje a recordar y homenajear, cómo evocarlo y con qué recursos perpetuarlo, los restaurantes peronistas así, se erigen como los nuevos memorials.

Las consideraciones finales proponen*una mirada plegada*(Véase Cap.V) que parte de la convicción de que hay un lado oscuro, un fondo sombrío a partir del que percibimos singularidades claras, representaciones precisas pero que éstas entrañan infinitas percepciones confusas que desequilibran la macro visión. Lo que vemos de forma consciente y clara son imágenes finitas pero incluidas en esa claridad se pliegan micropercepciones que no admiten la clausura. Los drapeados no se doblan sobre la claridad exclusivamente, sino que cada pliegue se pliega sobre sí mismo una y otra vez, de modo que lo nítido se va tornando crepuscular y gradualmente negrura. No hay forma de separar o aislar la imagen finita y distinta de las tinieblas de los infinitos pliegues. En esto consiste la mirada plegada en que le es imposible plantear una clausura, una solución superadora pues se lo impide la espesura de lo plegado que lo conforma. Es más, es la claridad de la imagen la que emerge de la oscuridad -de los pliegues- y no al contrario, lo sombrío es el lugar de manifestación de la imagen finita que se abre paso desde la infinitud de los dobleces. La percepción de los pliegues planteada por Gilles Deleuze sostiene que el "rasgo del Barroco es el pliegue que va hasta el infinito" (Deleuze, 11). Este eje conforma el paradojal cierre de este escrito, paradojal pues no es lógico darle fin con un concepto que no supone clausura alguna. Es un modo de darle fin a lo que sabemos que no ha terminado, las figuraciones de Evita se sucederán y las reflexiones sobre sus producciones seguramente proliferarán. Lo que este apartado pretende incluir son las miradas anteriores, la barroca que anida en el pliegue pues es el rasgo que indica que no hay esencia alguna sino más bien funciones operatorias. La mirada velada que evoca al pliegue, pues ese doblez es el que insinúa la oscuridad infinita y que confirma la imposibilidad de clausura. La mirada museal que enfatiza el gesto de conservación y exposición de las figuraciones de Evita que denota, aunque de modo polémico, una auténtica voluntad de impedir un nuevo silenciamiento o borramiento de la historia de estas producciones al tiempo que fomenta la libertad y variedad de propuestas para la exhibición y publicación. La mirada barroca, la velada y la museal viven en la mirada plegada sin que ésta constituya una superación porque eso implicaría un cierre consagratorio del pliegue y se encontraría en contradicción con su significación. En el pliegue no hay clausura pues no hay posibilidad de despliegue absoluto, si así fuera habría sentidos únicos, unilinealidad y progreso, pero no son éstas las características intrínsecas al pliegue barroco que se pliega sobre sí indefinidamente. Las obras que integran el apartado final presentan la particularidad de estar conformadas por numerosas figuraciones de Evita, se trata de exhibiciones colectivas que manifiestan una unidad, pero solo por las determinaciones recíprocas que mantienen entre sí y que inauguran el pliegue barroco en diálogo con la literatura argentina contemporánea que ficcionaliza su figura.

En una primera sección el eje elegido es el plegamiento especular propuesto como el velamiento de una desfiguración en tanto el espejo desposee y desfigura en la misma medida en que restaura. Este apartado reflexiona sobre la muestra *Evita de colección* (2019) en diálogo con dos parejas especulares literarias: la de Evita y su amiga Aurora en *Eva. Alfa y Omega* de Aurora Venturini (2014); y, la de Eva Perón "reducida a su piel" e Isabelita en "La patria peronista" de Daniel Guebel compilado en *La carne de Evita* (2012). Esta sección retoma la obra de la ya citada Nicola Costantino *Eva. El espejo* (2013), una instalación en la que el reflejo de una Evita encarnada por la misma artista opera a modo de espectro proliferante desde los cristales espejados de su dormitorio.

Una segunda y última sección se ocupa de los bustos de Eva estableciendo un diálogo entre *Los bustos de Eva* de Carlos Gamerro (2012) y un recorrido por los bustos de Evita desde el polémico *Eva Perón,arquetipo símbolo* de Sesostris Vitullo (1952) hasta la muestra *Atlas Evita* (2019), pasando por el de Enzo Giusti (1951) y por las réplicas de Marcos López (2003 y 2009). La mirada y el ocularcentrismo dominan el tejido de contemplaciones cruzadas entre el busto que domina la escena y el despliegue de sus múltiples versiones visuales. Las reflexiones finales tienen por objeto el formato de Atlas y de colección con el que se han presentado las últimas muestras colectivas en un año memorable como el 2019, en el que se ha intentado conmemorar política y artísticamente el centenario de su nacimiento.

LA MIRADA BARROCA

II.1."Eva Perón en la hoguera" de Leónidas Lamborghini: la disección del mito progresivo

...tierra ataúd.
miseria ataúd.
por dentro:
pobreza ataúd.
ranchos sepulcros: sin. casillas sepulcros: he visto.

Leónidas Lamborghini-1972-XI

El mito, del griego μῦθος, *mythos*, "relato", "cuento", es un relato tradicional que se refiere a acontecimientos prodigiosos, protagonizados por seres sobrenaturales o extraordinarios como dioses, semidioses, héroes, monstruos o personajes fantásticos que buscan dar una explicación a un hecho o a un fenómeno. El mito suele carecer de testimonio histórico pues se trata de un relato explicativo y simbólico, sin embargo, la cultura o la comunidad de la que forma parte puede considerarlo una historia verdadera. En general, refiere a algo acontecido en el pasado remoto y en la mayoría de los casos, impreciso. Sin embargo, con frecuencia es considerado como el fundamento y el comienzo de la historia de la comunidad o bien de la humanidad. En los casos en lo que el contenido es un fenómeno natural, por ejemplo: los mitos solares, se presenta de manera alegórica.

Nuestra lectura occidental de los mitos ha llevado a que se consideren la contrapartida de "lo real", oponiendo así: *mythos* en tanto concepto pre-lógico, como si se tratara de un antecedente del pensamiento racional, y *lógos* en tanto argumentación racional propiamente dicha. Lo racional, así, estará contrapuesto a lo mítico considerado ficción. Sin embargo, cuando el mito es tomado alegóricamente, presenta dos aspectos, ambos necesarios: lo ficticio y lo real. Como lo que el relato mítico cuenta no ha ocurrido, en ese sentido es ficticio; pero, como lo que refiere responde a la realidad, podría afirmarse también que es real. En rigor, el mito es "como un relato de lo que podría haber ocurrido si la realidad coincidiera con el paradigma de la realidad" (Ferrater Mora, 210). Puede expresar lo que es supratemporal y permanente, es aquello que acontece una y otra vez, y lo que jamás dejará de ocurrir. Por eso resulta válido para todas las épocas, fija una determinada estructura de la realidad que se desenvuelve en un tiempo falso, el lector debería indagar más allá de la referencia puntual y atender a lo arquetípico, a lo que no deviene: a aquello que está eternamente presente.

Frente al mito, los presocráticos fueron algo ambivalentes, en principio lo descartaron en favor del *lógos,* pero curiosamente edificaron ese *lógos* sobre un suelo mítico, así se presentan ambos imbricados en el lenguaje. Por su parte, los sofistas tendieron a separarlos, pero no siempre en favor de la razón pues admitían el relato mítico como envoltura de la verdad filosófica. Platón retoma esta posición cuando se vale del mito para dar cuenta de alguna esencia que considera de naturaleza divina, al intentar expresar verdades que escapan a las posibilidades del discurso racional. Por esta razón recurre al mito al disertar sobre la naturaleza del alma en *Fedro* o cuando apela a lo que la Profetisa Diótima de Mantinea le refirió sobre la naturaleza de *Eros* en *El Banquete.* El mito con su carácter paradigmático, como modelo arquetípico, abre un camino hacia lo inaccesible e indecible, gracias a él, lo incomunicable logra comunicarse. Como si se tratara de una ascensión por medio del *lógos*, el mito puede provocar la anámnesis y lograr que lo invisible devenga inteligible para el hombre (Brun, 1977).

Ya en la edad Moderna, cae el prestigio del mito al proclamarse que la "verdadera historia" no tiene relación alguna con lo mítico. Entre los ilustrados del siglo XVIII como Voltaire (un ardiente mitofóbico), predomina la idea de que la historia debe ser depurada de mitos y leyendas. Progresivamente va tomando fuerza, incluso entre sus detractores, la convicción de que, si bien los mitos pueden no ser verdaderos respecto de lo que relatan, en cambio sí es verdadera la creencia en ellos. Friedrich Schelling y Giambattista Vico (siglo XVII al XIX) son representantes de esta recuperación. Para Vico, el mito es un modo de pensar que tiene sus propias características y lo comparó, en la *Scienza Nuova*, con el "pensar poético". Según Schelling, el pensamiento mítico es una de las formas en las que se revela lo Absoluto en el proceso histórico, por tanto, sostiene que es en el mito en el que se revela la Divinidad.

En siglo XX, en particular con los estudios de Ernst Cassirer (1946), el estudio del mito se ha centrado en su virtud para ilustrar la historia humana, el mito es considerado el modo de ser de una conciencia: la conciencia mítica. Esta forma de conciencia puede investigarse gracias a un análisis epistemológico, eso significa que no es metafísico ni tampoco empírico. Al estudiar los mitos considerando que constituyen un modo de ser de la conciencia, inevitablemente se acaba enriqueciendo el conocimiento de la estructura de la conciencia mítica misma. El estudio se ha centrado así en iluminar la función del mito en la conciencia y en la cultura; el principio de formación de los mitos, según Cassirer, delata que son mucho más que un conjunto accidental de imaginaciones. El pensamiento mítico obedecería a una necesidad de conciencia cultural, con lo cual, los mitos se constituyen en supuestos culturales. Todos los supuestos epistemológicos, en última instancia pueden ser estimados como míticos: desde la creencia en la existencia de fenómenos o la convicción de que existen objetos físicos hasta los mitos en sentido estricto, la última naturaleza de todas esas concepciones no es otra cosa que mítica.

El poeta argentino Leónidas Lamborghini (n.1927) publica el poema "Eva Perón en la hoguera" en 1972, en el lapso comprendido entre la denominada Revolución Argentina y el golpe militar de 1976. En el mismo intervalo, Copi publica *Eva Perón* en 1970 y Néstor Perlongher, *Evita Vive* en 1975. En este período, el peronismo comienza a recuperar su protagonismo y el cuerpo embalsamado de Evita es devuelto a Perón luego de haber estado enterrado en un cementerio de Milán bajo un nombre falso durante muchos años. La operación de los tres autores es devolverle vida al cuerpo, Perlongher la resucita como "muerta viva", Copi exige que la obra la interprete un actor varón, no argentino y travestido, y Lamborghini le devuelve la voz, su discurso, pero claramente fragmentado y recursivo.

En las tres versiones, vuelve a la vida transformada, es ella al tiempo que no lo es, se la reconoce, pero la reencontramos convertida en una reventada y drogadicta, en travesti caprichosa y cruel, y en dislocada oradora cuyas palabras resultan espectralmente acompañadas por un eco constante y tenebroso. El poema de Lamborghini resulta de una maravillosa reescritura del texto fundacional en la escritura mítica de Evita: *La razón de mi vida* y tal como señalan de Mendonça y Lafosse, el poema:

> continúa los lineamientos básicos de este constructo: el amor incondicional por su esposo y por su pueblo, el ardor y fanatismo con que aborda su misión, el sacrificio absoluto y la entrega por su causa, el rencor contra la oligarquía y su devoción por los humildes, el espíritu combativo y la retórica cristiana que la muestran como heroína y mártir y que se inscriben y alimentan los perfiles de *Evita Montonera* y *Santa Evita* (De Mendonça, 6).

Si bien, en una primera lectura los tres textos parecen destruir toda idealización mítica de su figura, muy por el contrario, coadyuvan a su impecable construcción, ella puede ser puta y santa, mujer masculina y elocuente oradora tartamuda, ella puede ser todo, su derecho y su revés, su figura y su contrafigura, la heroína y también su propia villana.

II.1.2. Los mitos de Eva Perón en el arte y en la literatura

Eva Perón se convirtió en mito y tabú, de allí la ambivalencia de sus connotaciones que oscilan entre lo santificado y lo execrable, madre sagrada y mujer demonio. Una referencia notable y canónica desde el discurso psicoanalítico es la que da Marie Langer (Langer, 89) al señalar que el complejo de Edipo no resuelto se sitúa en el centro del mito de Evita. Sus seguidores padecerían una culpabilidad infantil que los impulsa a buscar en seres míticos la satisfacción amorosa que no encuentran en su vida cotidiana. Según Langer, Evita representa para sus partidarios a la madre buena y la madre mala y vengativa para sus adversarios. El anhelo de justicia e igualdad de los trabajadores argentinos produce el mito de Evita como expresión simbólica, y como contrapartida, surge el temor a la pérdida de los privilegios alcanzados de la clase burguesa.

Dos tipos de operaciones míticas pueden registrarse entre 1953 y 1975 sobre la figura histórica de Eva Perón en la literatura argentina: el mito de carácter regresivo y el mito progresivo.[15] La historia argentina ha construido mitos sobre ciertas figuras del pasado y si muchas se han transformado en íconos es porque se ha realizado sobre ellas una serie de maniobras para llegar a ese resultado. La literatura y también el arte visual han colaborado en esas operaciones, pero no siempre para fijarlas, todo lo contrario, en muchos casos para dinamizarlas en representaciones controvertidas y polémicas. Tal es el caso de Eva Duarte con sus múltiples facetas: *Eva Perón*, *Evita*, *La Señora*, *Ella*, *El catafalco*, *Eso*, entre otras. Estudiar su figura en un aspecto mítico en modo alguno significa exclusivamente cristalizarla o congelarla en una sola imagen, aunque no está excluida tal operación. En los dos tipos de procedimientos de mitificación se registra una determinación temporal, el primer caso es una construcción instalada en y hacia un tiempo pretérito; la segunda se proyecta hacia un tiempo por venir. El poema de Lamborghini encarna una forma del mito progresivo que puede pensarse en respuesta a la operación que lo precedió, resulta la contrapartida de la construcción del mito regresivo y es en ese diálogo, casi devenido en contienda, en el que "Eva Perón en la hoguera" adquiere su espesura poética.

II.1.3. Representaciones del mito regresivo de Eva Perón: una muñeca de cera

Al dirigirse hacia el pasado, esta construcción mítica pierde su fuerza impulsora y transformadora por lo que resulta una detención para posibles procesos de devenir histórico. Por su efecto, clausura la

[15] Retomo estos conceptos de mito regresivo y progresivo propuestos por Juan José Sebreli en *Eva Perón. ¿Aventurera o militante?* (1971) con el objeto de reflexionar acerca de las producciones artísticas y literarias en este caso dejando de lado el aspecto sociológico del proceso de cosificación de su figura como mito.

posibilidad del surgimiento de cualquier contradicción en torno a su figura y vela todo conflicto que aún no se encuentre resuelto. Es el mito que hace coincidir el fin del peronismo con la muerte de Evita y por ende con el debilitamiento de la CGT obrera, por tanto, es el fin del plebeyismo. La literatura que lo construye se instala en un antiperonismo, declarado o velado, que se plasma en la incredulidad de quienes son testigos de un fenómeno carente de sensatez. Semejante a una mirada etnográfica frente a una población "otra", se construyen escenas de género fantástico o al menos desde la extrañeza, pero en todos los casos la perspectiva es la de un extranjero que registra una población a la que no pertenece. Se representa "la otredad" evitista desde un "nosotros" atónito respecto del fenómeno al que asiste sin participar ni ideológica ni físicamente y que observa con desconconcierto. Entre los relatos que construyen esta mirada pseudo etnográfica están los ya referidos: "Ella" de Juan Carlos Onetti de 1953; *El examen* de Julio Cortázar, escrita en 1950 y publicada en 1986; "El simulacro" de Jorge Luis Borges de 1960; y "La señora muerta" de David Viñas de 1963.

El inicio del sistema literario en el que las representaciones de Eva Perón se manifiestan en la literatura rioplatense se registra en 1952 y se extiende hasta 1966. Es el período comprendido entre la defunción de Eva Perón hasta el golpe militar de 1966 en el que Arturo Illia es derrocado. Nombrarla no está permitido, el peronismo está derrocado y proscripto, la perspectiva que estos textos literarios tienen en común es la no pertenencia, se escribe desde la ajenidad con una mirada distante que potencia que esa alteridad (el peronismo) está enlazada con lo extraño (tal como el *allós* griego: ἄλλος).

Onetti titula "Ella" a su cuento, no la nombra, así como se refiere a Juan Domingo Perón como "Él" y en ese recurso ya opera una burlona divinización de los personajes. Él es uno solo, es lo absoluto y lo irrepresentable, es Dios; pero el narrador en primera persona, aunque omnisciente ha tomado posición ideológica para relatar las últimas horas de Eva Perón (Ella). Ironiza el culto que se le rinde a estos líderes, pero en ese gesto da cuenta y cristaliza la idea de que así era la recepción popular frente al matrimonio Duarte-Perón. Como quien relata desde las alturas adopta un tono de cuento de hadas, con modismos del género maravilloso, el narrador refiere sucesos macabros con un matiz infantil que torna aún más escabrosos los acontecimientos sucedidos: "Cuando Ella murió después de largas semanas de agonía y morfina, de esperanzas, anuncios tristes desmentidos con violencia, el barrio norte cerró sus puertas y ventanas, impuso silencio a su alegría festejada con champán." (Onetti, 178). En este comienzo ya están planteados los niveles sociales y el odio "oligarca", diría Evita, y la esperanza de que algo cambiará a partir del dramático suceso. Que la muerte de la líder simboliza el crepúsculo del movimiento peronista, cierra ese primer párrafo con la expresión del "más inteligente de ellos" que "aventuró: Qué quieren que les diga. Para mí, y no suelo equivocarme, esto es como el principio del fin" (Ibídem). Este breve cuento detalla así los pormenores de lo que se plantea como cierre de un ciclo nefasto que abre la posibilidad de un esperanzador porvenir. Como la perspectiva no es la del "Descamisado" no se registra dolor ni pesar alguno frente a la desaparición física de la difunta y su prolongado y multitudinario velatorio: "A mediodía se corrió la voz de cuadra en cuadra, metros y metros de cola de lento avanzar: 'Tiene la frente verde. Cierran para pintarla'. Y fue el rumor más aceptado porque, aunque mentiroso, encajaba a la perfección para los miles y miles de necrófilos murmurantes y enlutados." (Onetti, 179). Los descamisados construidos como "necrófilos murmurantes y enlutados", los que provenían de "barriadas desconocidas", "de villas miseria, de ranchos de lata, de cajones de automóviles, de cuevas, de la tierra misma, ya barro" (Ibídem), conforman esa alteridad, representada con la distancia suficiente como para construir una suerte de prototipo inmóvil, carente de individualidades, rostros, o particularidades.

Esta literatura colabora en la construcción del mito de la locura o la sinrazón de los evitistas por la adoración mística que desata la figura de Eva, una reacción que se le atribuye a ese "otro" iletrado o al menos poco instruido al que se lo representa fervoroso e insensato. La muerte de Eva resulta el centro de estos relatos, siempre con la esperanza de que sea el indicio del principio del final del movimiento peronista. El rito mortuorio es lo que se representa y el motivo que desata la construcción mítica regresiva, Eva transformada en una muñeca, tal es el caso del cuento borgiano, logra fijar su figura como objeto: "una muñeca de pelo rubio". Que la historia haya decidido embalsamarla para conservar la integridad de su cuerpo y alejarlo de la natural corrupción ha colaborado, en términos de Borges, en esta "crasa mitología". Borges cierra con esas dos palabras su relato, y ese adjetivo resulta la condensación del asunto pues lo que es craso es aquello que resulta un error o una ignorancia que es tan grande que no se puede perdonar o disculpar. Ése es el nudo del mito regresivo y antiperonista, la construcción de esa adoración evitista en una síntesis de ignorancia y equívoco inexcusable. Los que han cometido semejante yerro se describen como: "Era alto, flaco, aindiado, con una cara inexpresiva de opa o de máscara..." (Borges, 1960), asociar lo indio y lo opa con el peronista devoto ya es de por sí elocuente. Es éste el personaje que corporiza a un falso Perón e instala a una muñeca rubia sobre una caja de cartón apoyada sobre dos caballetes a modo de velatorio y recibe el pésame por la muerte de la falsa Eva-muñeca. La caracterización borgeana de los asistentes colabora en la mitificación de un peronista-fanático y cegado: "Viejas desesperadas, chicos atónitos, peones que se quitaban con respeto el casco de corcho, desfilaban ante la caja..." o bien: "¿Qué suerte de hombre, me pregunto, ideó y ejecutó esa fúnebre farsa? ¿Un fanático, un triste, un alucinado o un impostor y un cínico?" Ya que se trate de un falso Perón fija la idea de que el líder es un farsante, que la difunta es una impostora y que los seguidores constituyen una amalgama de todos los márgenes sociales: mujer vieja, niño y peón, los olvidados del sistema, que confían con ingenuidad con "un crédulo amor de los arrabales" (otro margen) en esa farsa.Borges opera en este relato borgianamente pues al tiempo que brinda una suerte de alegoría del peronismo y con ella congela los estereotipos del líder y sus devotos, se pregunta quién habrá ideado tal (crasa) mitología al tiempo que él está proponiendo un mito antiperonista. Evaluar los funerales de Evita como una farsa o "simulacro" para que los intelectualmente toscos sean embelesados ideológicamente por un par de cínicos manipuladores es fijar posiciones y proponer una lectura fija y esencial de los movimientos sociales en general y de éste en particular. Ése es el efecto que producen los mitos de ideología burguesa, inducen a esencializar la historia, la embalsaman (en consonancia con la operación peronista que ejecutó el Dr. Ara sobre el cadáver de Eva). Los mitos inmovilizan al mundo fijando límites y construyendo prototipos inmóviles (Barthes, 252). De tal modo que queda congelada la idea del líder peronista (sea Eva o El General) como un cínico farsante y la del peronista como un ignorante alucinado y fervoroso.[16]

David Viñas en "La señora muerta" reitera la interdicción del nombre propio, es Ella, es "La Señora", sólo Borges la ha nombrado propiamente. Esta es una perspectiva de izquierda antiperonista ("no gorila") relatado desde una tercera persona y con dos protagonistas: un varón, Moure, que va a la cola del velatorio de Evita para intentar concretar una conquista ("un levante") y, una mujer que espera pacientemente su turno de llegar hasta el ataúd.

II.1.4. Representaciones del mito progresivo de Eva Perón: Evita montonera

Leónidas Lamborghini, Copi y Néstor Perlongher son quienes construyen entre 1970 y 1975 el mito progresivo de Evita, el mito de la Eva mesiánica, aquella que está por venir. La Eva de Perlongher se manifiesta como una muerta-viva que se corporiza como prostituta, drogadicta y santa apenas bajada del cielo. Esta proliferación barroca bajo el signo de la paradoja -entre la prostituta, la drogadicta y la santa- en la que el significante *Eva* va progresando de forma orbital y disparatada, deja al lector frente al vaciado de referente, Eva es todas esas posibilidades y a la vez ninguna. Deja pues, y una vez más, a Eva en el exilio, expulsada y allí en su absoluto vaciamiento que recuerda la operación del Dr. Ara sobre su cuerpo, renace una vez más, se constituye y vive. 'Evita vive" es un relato que no prospera señala Adrián Cangi, no se trata de que no progresa

[16]J. L. Borges y A. Bioy Casares en *La fiesta del monstruo* (1947) convierten la fiesta cívica en un simulacro de participación popular y usan un genitivo que es ambivalente respecto de si el monstruo es el pueblo o el Gral.Perón: "Cuando por fin me enrosqué en la cucha, yo registraba tal cansancio en los pieses que al inmediato capté que el sueñito reparador ya era de los míos. No contaba con ese contrincante que es el más sano patriotismo. No pensaba más que en el Monstruo y al otro día lo vería sonreírse y hablar como el gran laburante argentino que es."

sino que "conquista una superficie el plano fantasmagórico y la multiplicación de visiones" (Cangi, 7). Su cuerpo se deforma, se transforma y transmuta, en ningún momento se define acabadamente su personaje, este recurso se reitera justamente para desmontar una memoria cristalizada y estereotipada de Eva. En las antípodas de una representación santificada o angelada de su figura elige el camino de la crueldad y la inhumanidad y allí no hay lugar para la culpa ni para el resentimiento, pues considera, siguiendo a Nietzsche y a Artaud, que es ésa la vía por la que se accede a la reconciliación con lo real (Cangi, 15). Una aproximación más *camp* es la que presenta Copi en *Eva Perón*, esta obra de teatro que se estrenó en París en 1970,[17] presenta a una Eva transexual que muestra su trasero y entrega su cuerpo para que la devoren: "Soy la Cristo del peronismo erótico" y declara: "Cojanmé como quieran". En 2017 se representó en el teatro Nacional Cervantes de Buenos Aires protagonizada por el actor chileno Benjamín Vicuña.[18]

Es Lamborghini quien construye una Eva en la poesía, desliza el peronismo al ámbito poético, lo que constituye un movimiento absolutamente original e inédito. Sólo en letras de tango se había manifestado hasta el momento el peronismo, pero nada poético se advertía en el movimiento, por el contrario, sus contenidos eran tenidos por excesivamente prosaicos, banales y hasta torpes (Freidemberg, 202). *Las patas en las fuentes* de 1965 -título que resulta una alusión directa al histórico 17 de octubre de 1945 en Plaza de mayo-, Lamborghini lo refiere en *El solicitante descolocado* en 1971:

[17]La misma noche del estreno en París, un grupo de enmascarados irrumpió en la sala, hizo estallar una bomba y golpeó a algunos espectadores. Los medios indicaron que el grupo estaba dirigido por el Gral. Perón que por esos días vivía en Madrid. Cabe aclarar que Copi -cuyo verdadero nombre era Raúl Damonte Botana- era nieto delfundador del Diario *Crítica* y su familia se había visto obligada a exiliarse en Montevideo durante el primer gobierno de Perón. Copi siempre vio en el peronismo algo monstruoso e irrepresentable.

[18]Marcial Di Fonzo Bo, el actor y director que la interpretó en la versión parisina aclara: "Lo que pasa es que en la conciencia popular es una figura tan fuerte que resulta irrepresentable. Si lo interpreta un hombre, inmediatamente salta a la vista la cuestión de la teatralidad." (Pablo Sirvén en "Según el cristal con que se mire", *La Nación* 5 de diciembre de 2004.)

"¡Y hagamos antorchas
compañeros!"
Gritó la mujer que iba al frente.

"Y lo que esas antorchas
alumbran alzándose en su luz
es la toma
del poder"
balbuceó el Buen Idiota

"Y también
cuando metimos las patas el poder
en las fuentes de la Gran Plaza"
dijo mirando a los adictos
(Lamborghini, 76-77)

Proponer la palabra "patas" en un poema revela el avance y el giro de Lamborghini sobre la cultura dominante y sobre el lenguaje poético prestigiado. Acompañado en esta renovación poética por Juan Gelman, pero con un alcance menor, ambos incidieron en la poesía argentina con tales audacias que lograron poner en crisis concepciones poéticas firmemente arraigadas. Honrando a la poesía gauchesca y a Macedonio Fernández, Lamborghini logra quebrar todo rastro de romanticismo y simbolismo en su producción. Precisamente su poesía recupera lo que el romanticismo había silenciado al encarnar una propuesta que defendía el sentido poético, del autor como genio creador, celando por el concepto de obra y no por el de producción, y alentando la expresión de ideas y de sentimientos. La poesía lamborghiana responde a esta vertiente, con una concepción de la poesía con compromiso social, denunciando la precariedad de la condición humana, articulando un lenguaje que no disimula ideologías y que en modo alguno intenta erigirse en "ilusión reparadora". Su adhesión al peronismo ensambla con su recurrencia a lo popular y su aversión a cualquier posible expresión tenida por "bella" pues se opone a todo prejuicio consensuado sobre lo poético en general y a aquello que se pueda considerar "la tarea del poeta". Se asume como descreyente y desencantador y se burla de la elegante elocuencia al afirmar que toda poesía encierra "algo de verso" en su construcción y reconoce que ni él mismo escapa a tal consigna. Que lo deslumbre la retórica de Evita no resulta curioso, tampoco que ensaye una suerte de homenaje paródico sobre *La razón de mi vida*, La marcha peronistao el Himno Nacional Argentino.

Eva Perón escribe en el capítulo "Cómo pagan el pueblo y Perón" (#44) de *La razón de mi vida*:

> Yo no tengo ningún sueldo. No soy funcionario del gobierno bajo ningún aspecto. Soy libre, absolutamente libre. (...) Si yo fuese funcionario dejaría de ser "pueblo", no podría ser lo que soy, ni hacer lo que hago. Además yo he sido siempre desordenada en mi manera de hacer las cosas; me gusta el "desorden" como si el desorden fuese mi medio normal de vida. Creo que nací para la Revolución. He vivido siempre en libertad. Como los pájaros, siempre me gustó el aire libre del bosque. (E. Perón, 134)

Lamborghini disecciona el texto evitista y mueve ciertos términos sintácticamente de modo que logra resignificar el discurso matriz y producir en ese gesto el comentario. Decide mantener la primera persona, sigue siendo Eva el sujeto y subraya tres elementos del discurso en su poema: pájaro, libertad y revolución. Las primeras dos asociadas resultan un cliché del que se sirve Eva para autodefinirse. Más interesante es que Lamborghini montándose sobre esa metáfora cristalizada ligue a la revolución porque allí integra el cambio y la ruptura radical. Y eso que "dice", ese quiebre rotundo y fundamental contenido en el término "revolución" es lo que "hace" en su poema con el texto matriz del que parte:

> Poema XVI
> "no funcionario: pájaro. así lo he querido. la
> libertad:
> yo siempre.

la revolución: yo siempre. creo que nací para.
así: pájaro suelto en un bosque. inmenso.
pájaro no encadenado. no a la gran máquina.
no al
estado.
pájaro: no a sueldo. ningún. no funcionario.
pájaro: siempre me gustó. he querido vivir,
creo
que nací.
suelto. así lo he: yo siempre. el aire. el libre.
no al estado. no a la gran.
la libertad: yo. pájaro: creo que nací"
(Lamborghini, 69)

En el poema XVIII de "Eva Perón en la hoguera" opera una variación-comentario sobre el final de *La razón de mi vida*, especialmente sobre el capítulo "Como cualquier otra mujer" (#58):

> Lo que quise decir todo está dicho ya. (...) Quiero hacer hasta el último día de mi vida la gran tarea de abrir horizontes y caminos a mis descamisados, a mis obreros, a mis mujeres...(...) Esa es mi vocación y mi destino. Esa es mi misión. Como una mujer cualquiera de mi pueblo quiero cumplirla bien y hasta el fin. (E. Perón, 170 a 173)

Lamborghini deshilacha el discurso de Eva y remarca el gesto de "darse", de entrega total y la convierte en "la razón". La "razón" es la que da origen al título, pero también la que fundamenta los desarrollos anteriores al final del escrito evitista, el por qué de la vida de la líder. La "razón" es el broche que anuda todos los relatos de Eva que se resuelve en términos de "causa" -que siempre alude al proyecto del Gral. Perón- que a su vez deriva en "misión" para poder cumplir con el mandato del proyecto peronista. La "razón" es título y por tanto promesa de lo que se está por comenzar a leer y reaparece al final para cerrar y reforzar que no se trata sólo de emociones, intuiciones o sentimientos, sino de una racionalidad en términos de explicación.

"Razón", "causa" y misión" se entrelazan en el poema XVIII de Lamborghini:

> Ya: lo que quise decir está.
> pero además; darse. el amor es.
> darse. Ya. lo dicho. lo que quise. el amor. la
> vida es: dar la vida. darse. ya: hasta el fin.
> ya: la razón. ya. la vida. la razón es. la vida es.
> la razón de mi: darse. abrirse
> la vida de mi: darse. ya. lo que quise. pero ade-
> más.
> la razón de mi vida es. la razón de mi muerte
> es:
> la Causa es.
> ya: hasta el fin. mi misión: dar.
> mi camino: dar. darse. veo. la vida de mí.
> mi horizonte: dar. darse. Ya: lo que quise, mi
> palabra
> está.
>
> (Lamborghini, 71)

La variación lamborghiana lleva en sí otro gesto: el paródico. La variación, noción tomada de la música que designa una composición con un tema que se imita en otros subtemas -variaciones- que guardan el mismo patrón armónico del tema original. En tal composición, cada parte se asociará una con la otra y los patrones melódicos y el *tempo* de cada una se alterarán. En consonancia con el título de su libro *Partitas* que también tiene un origen musical y designa una pieza musical casi equivalente a la "Suite", una de las formas musicales más importantes del Barroco formada por varias piezas instrumentales distintas, pero con algún elemento de unidad entre ellas. La lógica de Lamborghini acorde con esteordenhabilita a pensar, tal como indica Ana Porrúa (quien sigue una línea de crítica genética), en "una *matriz poética de transformación*, cuya operación central es la *variación*" (Porrúa, 175). Esa variación la ejerce Lamborghini sobre la palabra ajena, en el caso citado, sobre la escritura de Eva Perón, pero también podría aplicarse a las escrituras citadas más arriba que se conectan con la formación de una identidad nacional en general. El modelo inicial sobre el que operan las variaciones resulta fundamental pues es con él que se entabla el diálogo por momentos paródico, pero no burlón, por el contrario, predomina el gesto de quien homenajea el texto matriz. La variación, propone Porrúa, puede manifestarse como distorsión o como comentario, claramente en "Eva Perón en la hoguera" opera el primer recurso. La distorsión sobre el texto de Eva, invita a cotejar con el original, estudiar las supresiones, refutaciones y así apreciar qué núcleos ideológicos se han privilegiado y expandido y cuáles se han obviado. De este modo, se podrá dilucidar la operación de redefinición mítica sobre su figura operando un doble movimiento, es homenaje y admiración a Eva al tiempo que resulta irreverente, es desmitificador, pero no carece de un costado amoroso, señala Freidemberg (206). Al reescribir el texto evitista, (firmado por Eva Perón para ser más precisos) Lamborghini despliega lo que está contenido de modo latente en el texto base, eso hace cuando recorta, reitera, mezcla. Logra hacerlo crecer al original pues consigue que se lea lo que ya figuraba, pero había pasado desapercibido, echa luz sobre algunos giros y consigue una impronta significativa donde quizá el lector no había reparado.

Lamborghini explica que la literatura es un sistema consistente en perder el respeto a los modelos y así es que se relaciona con ellos a través de la semejanza, la desemejanza y el contraste (Freidemberg, 205). "Eva Perón en la hoguera" resulta una reescritura paródica del texto de Eva, Lamborghini diseca el mito de Eva en su poema, produce un desmembramiento del cuerpo textual original, estrategia que evoca la manipulación *post mortem* del cadáver de Eva en manos del taxidermista Dr. Pedro Ara.

Nicolás Casullo afirma que el poema está enclavado en la atmósfera de los llamados '70 y que el poeta sobre ese mundo volcó sus "imágenes contramíticas" de Evita (Casullo,1994). Sin embargo, aunque se retome la idea de Casullo de una estrategia contramítica en el poema, eso no anula la posibilidad de pensar que en esa misma maniobra logra fortalecer el mito Eva. Se puede leer que en esa deconstrucción paródica se esculpe una figura contramítica, pero también que en la disección de los detalles textuales se yergue otro mito, no se diluye la figura mítica en absoluto, no se la suprime, todo lo contrario, paradójicamente se la refuerza y se la enriquece. Según Casullo, el poema "nos saca del mito Evita (...) para sustraernos de esa tentación" por eso se la presenta como fanática y obsesiva: "impresentable para una democracia burguesa 'como todos aspiramos'" (1994). Pero el tiempo que ha transcurrido desde que Casullo reflexionó a propósito de la presentación de Cristina Banegas junto a Iris Scaccheri, parece haber transformado sus estimaciones. Veinticuatro años después, el poema de Lamborghini ha fortalecido la figura mítica de Evita, ha colaborado enriqueciendo la recepción de *La razón de mi vida* aunque se haya podido pensar, tal como señalaba Casullo, que el poema se situaba en "las antípodas de las saturantes formas de mitologizarla con buenas o malas intenciones". El propósito de Copi, Perlongher y Lamborghini fue diluir la construcción idealizada del imaginario social, pero con el paso del tiempo han logrado edificarla simbólicamente de modo indestructible. Su figura ha soportado la parodia, la ironía, la estética *camp*, la hipérbole de sus anti-valores con un resultado profetizado ya por Copi al final de su obra cuando le hace decir al personaje de Perón: "¡Eva Perón, señores, está más viva que nunca!" (1970). Sin embargo, estas representaciones literarias y artísticas han devenido en una catastrófica operación de superación de las contradicciones de su figura, resolviéndose en un apaciguamiento de las tensiones que han empobrecido su exuberante riqueza.

II.1.5. El advenimiento del mito museal

El movimiento pendular desde la edificación de un mito regresivo hacia el progresivo, dispuso una intrigante y apasionante inestabilidad en sus representaciones. De la prohibición de nombrarla, decisión que no hizo más que aumentar su valor de culto hacia el otro extremo, la de nombrarla hasta el hartazgo insultarla, ultrajarla y despreciarla, destrozando -pero solo provisoriamente- su valor cultual y mítico, no ha hecho más que elevarla a un grado sospechosamente museal. Si en un inicio se la construyó anclada en un pasado innombrable y como un devenir antitético luego se la profanó curiosamente a la espera de su retorno, como muerta que vuelve o como mártir en la hoguera con una retórica temblorosa custodiada por la neutralización ideológica. *Millones* de Jorge Caterbetti, es una instalación performática presentada como obra en progreso en una sala temporaria del Museo Evita iniciada en 2018 y que permaneció abierta hasta el 7 de mayo de 2019, fecha en la que había reunido un millón de retratos. Los visitantes/espectadores son invitados a ingresar a un recinto semejante a un biombo muy humilde construido con chapas, que se asemeja a un cuarto oscuro de votación o confesionario ubicado en el centro de la sala. Allí dentro el visitante se puede autofotografiar junto a un pequeño altar de Evita que evoca los recursos de una modesta lápida de cementerio. En la pared del fondo de la sala se exponen las fotografías de los numerosos visitantes. El mural con los retratos es de naturaleza proliferante pues día a día se va expandiendo con el fin de materializar el anhelo de la líder de volver y ser millones.

Como si el movimiento pendular se hubiera detenido en el centro y con pretensiones moderadas, tibias y respetuosas de su figura ha comenzado a perder ese brillo hostil que la edificaba como figura tan sugestiva. Sus representaciones más contemporáneas ya no nos interpelan, tampoco fascinan: el mito museal en las representaciones literarias y artísticas de Eva Perón ha dominado la escena y lamentablemente con el afán de preservarla solemnemente, las expresiones se están asemejando a cámaras mortuorias.

II.2. Ascenso y descenso de una mártir: La Pródiga de Alarcón a Soffici

La Pródiga es un filme argentino en blanco y negro de 1945 dirigido por Mario Soffici con la codirección de Leo Fleider y Ralph Pappier. Su protagonista es María Eva Duarte y los actores principales: Juan José

Miguez, Angelina Pagano, Ernesto Raquén y Alberto Closas en su primera participación en Argentina.

El guión fue escrito por Alejandro Casona basado en la novela homónima de Pedro Antonio de Alarcón (1833-1891) de 1880, admirador de Edgar Allan Poe. De un realismo romántico notable y con tono moralista, el relato se centra en la historia de una viuda que habiendo sido muy rica gasta su fortuna ayudando a los humildes en un lugar apartado en las montañas.

La película se terminó de rodar en octubre de 1945 y fue sacada de circulación por Juan Domingo Perón después de que se casara con Eva Duarte el 22 del mismo mes. Perón le exigió al productor, Miguel Machinandiarena que le entregara el negativo y todas las copias, afortunadamente una fue guardada en Montevideo por lo que se estrenó recién el 16 de agosto de 1984.[19]

Los estudios San Miguel habían anunciado que la estrella de *La Pródiga* sería Mecha Ortiz bajo la dirección de Ernesto Arancibia y que la filmación comenzaría en cuanto resolvieran el problema de la película virgen (Navarro, 84).[20] Cuando Evita se enteró del argumento del filme usó su contacto con Perón para conseguir la película con la condición de que ella fuera la elegida para el rol principal. La protagonista de la novela de Alarcón es una mujer madura y Eva era muy joven para ese rol, en rigor, la primera elección de los Estudios resultaba más ajustada.

La Pródiga resulta una parábola anticipatoria de la operación de ascenso de hetaira a mártir realizada sobre la figura de Eva Duarte-Perón. En la transposición de la novela al filme se registran algunos sutiles cambios. Cabe aclarar la distinción entre "versión" y "transposición",[21] ambos casos están sostenidos por una invariante referencial (una novelapor ejemplo), pero en el caso de la versión se realiza en una misma materia

[19]Manrupe, Raúl y Portela, María Alejandra. *Un diccionario de films argentinos (1930-1995) pág. 478.* Buenos Aires: Editorial Corregidor, 2001. ISBN 950-05-0896-6.

[20]Estudios San Miguel fue una empresa cinematográfica argentina instalada en Bella Vista, Pcia. Bs. As que perteneció al empresario español Miguel Machinandiarena y que estuvo en actividad entre 1937 y 1957.

[21]Cito a Elena Vinelli en *El relato migrante. La transposición de la novela La ciudad ausente a ópera e historieta* (2011), donde repone a O. Steimberg (1980) y analiza el recurso de la transposición.

significante, en este caso: la verbal y no presupone una cambio en la posición del sujeto de destinación (Traversa, 84).

La transposición en cambio, propone una configuración discursiva distinta en cuanto a los soportes o a las materias discursivas que la constituyen, en este caso el filme de Soffici respecto de la novela –género narrativo- de Alarcón sería un texto fuente. Tanto las versiones como las transposiciones son autónomas, cabe distinguirlas de los denominados textos de mediación, tal es el caso de los libretos o los guiones que no están pensados para que circulen de modo autónomo porque son los que instruyen la transposición.

Doña Julia, la Pródiga, encarna dos caras antagónicas de modo sucesivo y por momentos de modo simultáneo: es la mujer que se atreve al amor libre y adúltero y, a la vez, es la mártir, la beata en extremo generosa. Se eleva moralmente pero también cae estrepitosamente en el vicio y la indecencia. Dos modelos que la misma Eva encarnará durante su vida y después de muerta. Muy distante del estereotipo de mujer pequeñoburguesa, ella oscila entre la prostituta y la sufrida mártir, tal movimiento pendular, curiosamente, resulta ajustado tanto a la Pródiga como a Eva.

II.2.1. Un descenso al paraíso con serpiente

La trama del filme de Soffici transcurre en un lugar apartado, en el campo, a media legua de la ciudad, en un viejo caserón rodeado de "...veinte o treinta fanegas de tierra de riego y de un poco de monte (...) el último resto de las grandes haciendas (...) especie de palacio encantado" (Alarcón, 242/3). Referido en la novela como "El palacio de la marquesa", el filme respeta esas indicaciones y muestra una lujosa residencia en un medio rural y agreste.

Las mansiones, castillos o palacios erigidos en un medio desolado y despoblado tienen una larga tradición literaria gótica y romántica. En 1748, Horace Walpole inició la construcción de su propia casa como castillo gótico: la famosa Strawberry Hill. Walpole demoró dieciséis años en finalizarla, aunque algunas fuentes aseguran que hasta su muerte siguió agregando nuevas estancias, cuerpos, numerosas chimeneas y bóvedas de estilo medieval al casco central. Él mismo fue el que imaginó otro famoso castillo para la literatura, éste maldito y causante de todas las desgracias que padece su protagonista: *El castillo de Otranto* de 1764, considerada la primera novela gótica. El escrito tuvo un precedente en 1782 con *Vathek* de William Beckford, otra novela del género, aunque ésta con influencias árabes. Beckford fue quien construyó otro renombrado castillo, denominado abadía por algunos: Fonthill Abbey, una gran casa de estilo neogótico construida en Wiltshire, Inglaterra, que colapsó por deficiencias de los materiales y por la prisa con la que se edificó. La inolvidable mansión aislada, paradigmática, melancólica a la que el protagonista (al igual que en *La Pródiga*) llega cabalgando es la casa Usher de Edgar Allan Poe. Estos caserones apartados son el prototipo del lugar misterioso donde reina el misterio y las apariciones inexplicables, como por ejemplo la excentricidad de que lo habite una hermosa y refinada Marquesa.

El aislamiento del paraje presentado en el relato de Alarcón, rodeado de naturaleza, alejado de la ciudad (en el caso de la novela, distante de Madrid) en el que reside casi escondida, bella y generosa la Marquesa dibuja el contorno de una verdadera utopía, un perfecto *constructo* de felicidad. La mansión de la Pródiga y sus alrededores constituye una pequeña y recortada comunidad en la que no hay delitos ni violencia en ninguna de sus manifestaciones. Ella, poderosa pero cercana a sus súbditos, comparte con ellos sus riquezas, carece de veleidades y los protege a todos y a cada uno de ellos como una verdadera madre de toda la comunidad y como un padre proveedor, ella es una mujer-varón a la que todos respetan. El de Alarcón se presenta así como un escrito profético de los lineamientos con lo que más tarde se construirá la figura de Evita. O bien, visto desde otra perspectiva, nuestra mirada sobre *La Pródiga* simplemente ya no puede ver solo a una pésima joven actriz en ascenso a la que le queda holgado el personaje pues carece de carácter (muy lejos del que hubiera podido construir la desplazada Mecha Ortiz) y porque le faltan años para hacer consistente a la mujer madura que es la Marquesa. Mucha información posterior, datos históricos y políticos, simpatías y rechazos de todo el siglo XX argentino construyen nuestra mirada actual del filme (con ¿injusticia? anacrónica).

Que el territorio esté aislado y rodeado de naturaleza permite pensar una sociedad desde algo similar a una *tabula rasa,* en el que todo está por hacerse. Colabora con la idea de que lo que la Marquesa ha construido lo ha hecho partiendo del mundo natural en el que la acción del hombre no habría dejado huella aún. El relato induce a pensar cómo ella ha podido, por sí sola, con su capital y su talento reconstruir un sistema (¿una nación?) a partir de la nada. Pero las relaciones que se fundan allí reponen una organización pre-estatal, es la Marquesa la terrateniente quien protege y ayuda a sus trabajadores. Los habitantes la veneran sin reparar en el hecho de que están sujetos a ella y a su prodigalidad.

El amor, el erotismo o la sexualidad son rechazados en un primer momento por la Marquesa, pertenecen a su pasado no demasiado virtuoso, a una juventud de "dudoso comportamiento moral" lo que replica las habladurías respecto de los años de juventud de Eva Duarte. Pero es justamente el hecho de que haya quedado en su pasado lo que le otorga virtud a la protagonista. Ha habido en ella una suerte de conversión al estilo agustiniano, pues habiendo experimentado los placeres y desvaríos de la carne ahora ha podido operar el gran cambio, es una estrategia digna de una santa.

Tal aislamiento le garantiza protección ante cualquier tipo de contagio, en este mundo perdido está a salvo de posibles corrupciones hasta que ese equilibrio se rompa. Y no es casual que se quiebre con un representante de la política: un aspirante a diputado que invadirá el diseño de mundo perfecto con sus ideas, sus intereses y su sexualidad. En los espacios sin posibilidad de comunicación que en la literatura se dan frecuentemente en narrativas de islas, suele reinar un presente continuo pues parten de una circunstancia virginal. Previo a la llegada del humano no ha habido nada salvo naturaleza, piénsese en *Robinson Crusoe*, el mundo de Lilliput, el *País de nunca jamás*, allí no hay historia que los preceda. Los bosques, las selvas y los lagos que rodean a estos caserones informan de una naturaleza desmesurada e irrepresentable capaz de devorar todo lo construido por la mano del hombre. Se trata de un estado natural que con su fuerza salvaje es capaz de destruir lo modestamente levantado por la mano del hombre. Alarcón replica algunos tópicos de su admirado Poe en su goticismo renovado de siglo XIX de carácter romántico que potencia la desmesura de la naturaleza y destaca su carácter sublime. Tal fuerza natural capaz de devastar en su furia desenfrenada lo construido por el hombre también es capaz de cercar y proteger a sus habitantesde posibles invasores. La casa Usher está rodeada por una "silenciosa laguna" y por "árboles podridos" y hacia el final en la huida desesperada de su protagonista una tormenta ruge "en toda su furia". Es la tierra la que se devora la mansión Usher aunque paradójicamente se erigía en un valle rodeado de malezas y montañas como el que custodia la mansión de la Pródiga.

En el filme de Soffici, es el caballo de Don Guillermo que rueda por el acantilado lo que obliga al ingeniero a pedir asistencia a la Marquesa para continuar su camino. No sucede lo mismo en la novela de Alarcón en la que deliberadamente el aspirante a diputado acompañado por sus colegas se dirige a la residencia en busca de posibles votos sin que medie accidente alguno. En ambos casos la historia comienza cuando alguien que no habita esas moradas ingresa y desde allí las narrativas construyen la complicidad con los lectores, es gracias a esos visitantes-intrusos que podemos husmear esas fortalezas cercadas. En estos caserones, en estos sitios de felicidad, reina una ausencia de pasado que suele estar acompañada por la falta de deseo a futuro, lo logrado allí no se anhela que devenga o que degenere, por tanto, no se piensa en términos de progreso pues no se ilusiona un futuro mejor o diferente. Anulados el pretérito y el tiempo por venir, sólo resta preservar lo conquistado: proteger el eterno presente que se ha fundado. Para lograrlo no se podrá permitir que nada ni nadie intervenga y descontrole la ilusión consolidada, por eso no son bienvenidos ni los extranjeros ni los intrusos que suelen corporizarse en el género opuesto al habitante de la isla. Allí se ha conquistado un equilibrio perfecto, ajeno a la corrupción de las grandes ciudades y el que lo habita se protege de "los otros".

Tal corrupción suele manifestarse en la carne, en el desborde de la pasión configurada como amor a primera vista consumado en el cuerpo. La llegada de los tres diputados, en especial de Guillermo, a la mansión de la Pródiga se asemeja a la irrupción de Juan Luis Villafañe en la nouvelle de 1946, *El Perjurio de la nieve* de Adolfo Bioy Casares, llevada al cine por

Leopoldo Torres Ríos y su hijo, Leopoldo Torre Nilsson en el filme de 1950: *El crimen de Oribe.* Ambos, enamorados a primera vista de la dama que habita la mansión cercada irrumpen en esa utopía y desarman el equilibrio.

En el caso de Bioy, se trata de una estancia perdida: "La Adela" en medio de un bosque de pinos en la Patagonia argentina. Es el refugio de un dinamarqués Luis Vermeheren, un hombre viudo con cuatro hijas que a fuerza de rigurosa disciplina ha logrado detener el tiempo en su morada de modo que la enfermedad fatal de una de sus hijas, Lucía, no progrese. Ha prohibido que nadie entre ni salga de la estancia así es que día tras día los habitantes repiten los mismos diálogos e idénticas acciones incesantemente. Pero un intruso, Villafañe, logra el ingreso y quiebra la eternidad, la muerte de Lucía ocurre inmediatamente. Se ha roto el encantamiento de la morada, la suspensión del continuo presente, la virtud y pureza que allí reinaban. Del mismo modo, la llegada del visitante de Poe precipita la muerte de Lady Madeline Usher o el arribo del ingeniero de caminos Don Guillermo al Cortijo del Abencerraje con su declaración de súbito e incondicional amor a Doña Julia, la Pródiga, altera la concordia del lugar y la paz interior de la protagonista.

La primera vista que se tiene del Cortijo de Doña Julia en el filme es desde las alturas, su palacio campestre se conoce desde un paisaje vertical, ella a pesar de vivir en un paraíso, se encuentra hundida, como sepultada respecto de sus visitantes, "hombres de mundo" que la avistan desde la cumbre, con mirada panorámica y abarcadora. Una escena romántica, hostil y a la vez serena, los Señores se sitúan en el risco desde donde contemplan la mansión hundida, desde allí se vislumbra un precipicio que evoca las pinturas de Caspar D. Friedrich.

La vista sobre el valle dominado por la Pródiga está modelada por la historia del peronismo inevitablemente. Variados conjuntos arquitectónicos con improntas sociales y políticas se erigieron en torno a la figura de Evita, en general fueron programas sociales de la Fundación que llevaba su nombre (entre 1946/8 y 1955). De modo que se creó una fuerte impronta estética entre su figura política y su obra arquitectónica entre las más conocidas figura la Fundación Eva Perón, La Ciudad Infantil del

Barrio de Belgrano, el Hospital Regional de Santa Fe y Ciudad Evita. Todas esas obras intentaban ofrecer "belleza" y placer estético a un público al que se consideraba que había sido privado de tales goces, de manera que constituyó un nuevo derecho conquistado: el derecho a la belleza (Ballent, 153/168). De allí el estilo californiano de los chalets en Ciudad Evita y las que promovía el Plan Eva Perón, techos a dos aguas, tejas, paredes blancas, un estereotipo del gusto común y consensuado, casi como replicando un dibujo infantil de la "casita-hogar".

La novela de Alarcón presenta a tres jóvenes aspirantes a legisladores en busca de votos en las afueras de Madrid: Enrique, Miguel y Guillermo. Al arribar a un pequeño pueblo y notar que nadie acude a recibirlos son notificados que los posibles votantes actúan sólo según indicaciones de la Señora Marquesa. El secretario del Alcalde les advierte sobre la residencia de la Pródiga:

> La marquesa vive en el campo, a media legua de aquí, en un viejísimo caserón rodeado de veinte o treinta fanegas de tierra de riego y de un poco de monte (...) podemos tocar en aquella especie de palacio encantado o humilde cortijo (...) (Alarcón, 242/3).

Recibidos por Antonio, fiel servidor de la Marquesa, personaje que se mantiene en el filme, se describe el palacio campestre como:

> Melancólico por todo extremo era el antiguo palacio. Dondequiera que se posaban los ojos, no se veía más que ruinas del pasado esplendor, en muebles rotos e inservibles (...) (Alarcón, 248)

Lo que en la novela se presenta como un palacio venido a menos, en el filme es poco menos que un paraíso que provoca la sorpresa de Guillermo que exclama: "No esperaba encontrar esto en un lugar tan perdido". El personaje de Guillermo en la película no viaja a ese paraje en busca de votos, sino que es ingeniero e intenta comprarle las tierras a Julia, la Marquesa, para concretar un proyecto civil muy anhelado. Julia (Eva Duarte) los recibe con hospitalidad, pero los declara enemigos, en especial a Guillermo: "Hasta hoy este valle ha sido un paraíso, mañana, gracias a Usted, será un pantano de agua sucia". Intenta convencerla prometiendo que le pagará por duplicado el valor de su propiedad, pero Julia le reprocha: "Lo que para Ud. es una hectárea para mí son recuerdos, los únicos buenos que me quedan (…) No habrá fuerza capaz de sacarme de aquí."

En confianza con sus compañeros, Guillermo reconoce: "Realmente es un paraíso pequeño" a lo que su amigo agrega: "Sí, pero con serpiente incluida". En la novela, estos diálogos y reflexiones no figuran pues tampoco el valle es apreciado como paraíso, por el contrario, evoca a las mansiones góticas descriptas por Poe, lúgubres y melancólicas. Tan es así que Enrique describe el cuarto de Julia como: "desmantelado aposento en que ella se quedaba sola y esquiva como sepulcral estatua de sí propia" (Alarcón, 254), el carácter mortuorio del lugar incluso lo llega a encarnar la protagonista, lo que resulta muy distante de la construcción paradisíaca que presenta el filme.

II.2.2. Un ascenso de escalones: del retrato al modelo

En la escena inmediatamente anterior a la primera aparición de Doña Julia en el filme, la cámara enmarca un imponente retrato al óleo de la protagonista, ubicado en altura sobre la pared frente a la escalera y por encima de un mueble de estilo español con un candelabro a cada lado. Admiran su hermosura y se preguntan si será ella la retratada. La demora con la que Julia hace su primera aparición intenta crear expectativas respecto de su edad y de cómo lucirá esta mujer madura y bella en un valle perdido. Su primera aparición es pomposa y artificial, "teatral" por lo artificiosa, surge desde las alturas y ahora es ella la que los observa desde la cima. Baja una fastuosa escalera con la parsimonia de una diva, pero también como una mujer refinada, femenina y poderosa, luce exageradamente deslumbrante en su traje majestuoso.

-¡Qué curioso, parece un Renoir! ¿Será ella?

-...

-¡Es! (*La Pródiga*, 1945: 8', 05").

Los tres caballeros se inclinan ante Julia cuando alcanza el suelo, como una reina sigue dominando la altura incluso estando al mismo nivel que sus visitantes.

Si en el filme se la refiere a la Marquesa como serpiente y a su valle como paraíso resulta al menos curioso que la actriz que la encarna ostente el nombre de Eva, tantas referencias bíblicas no surgen de la novela. La marcada pacatería en esta ficción de Alarcón está acompañada por tímidos gestos góticos e insinuaciones terroríficas que no alcanzan a dominar la trama pues no se constituye como cuento de terror. La caracterización de Julia antes identificada con el mismísimo Satanás en el filme, en la novela se presenta más cercana a la figura de Drácula: "(...) es joven y no lo es" (Alarcón, 242) el misterio de no envejecer siempre evoca un posible pacto con el diablo tal como indica más adelante: "(...) una clase de demonio con falda que no envejece nunca" (Alarcón, 242). Cabe recordar que la crítica había considerado a Eva Duarte demasiado joven para el papel de Julia, desde esta perspectiva no habría sido tan torpe la elección porque abonaría la indicación de la novela de una mujer madura que parece no envejecer (más difícil de defender en cambio sería su voz monocorde y su rostro falto de emoción).[22]

Drácula y los vampiros en general son individuos cultos, refinados y algo aristocráticos, suelen mezclarse entre la gente normal porque se conducen con respeto y tienen buenos modales, tal como está representada Julia (después de todo es una Marquesa). Slavoj Zizek aventura la hipótesis de que las películas de terror plasman las diferencias de clase reflejadas en las diferencias entre zombies y vampiros. A diferencia de los vampiros, los zombies son: "(...) torpes, inertes y sucios, y atacan desde el exterior, como una primitiva revuelta de los excluidos" (Zizek, 80). Según esta

[22] Marysa Navarro reúne comentarios de las revistas *Antena*, *Radiolandia* y *La opinión cultural* en *Evita* una de las mejores biografías que se hayan escrito sobre su figura. Allí declara que poco "hay de rescatable en esta película" y que su actuación es deficiente: "Su voz es monótona, sin inflexiones, y su cara, aunque bonita, parece una máscara" (Navarro,2011:85)

lógica, los vampiros controlan a los zombies que se identifican con la clase trabajadora. Que el personaje de Julia no envejezca, que proteja a los lugareños (zombies), que trabajen para ella, que viva recluida en un "palacio encantado" en el último rincón del mundo y que su generosidad solo sea aparente plantea un escenario al menos inquietante. Al final del relato se descubre que toda su propiedad se encuentra hace tiempo hipotecada y que ella se sostiene gracias al trabajo de los hijos de su capataz. Con el dinero de los labradores ella se muestra generosa y pródiga desconociendo el origen de su riqueza, ésta es una de las razones por las que terminará quitándose la vida. Es ese desenlace el que la confirma como vampiro, les ha estado chupando la sangre para luego perversamente devolverles en gestos de bondad y piedad la misma riqueza que ellos ya le habían donado.

Su debilidad reside en no soportar la cruda realidad de la diferencia de clase, así y todo su suicidio es llorado por todos sus zombies que la honran como a una santa.

En el mes de septiembre de 1945 finaliza el rodaje de *La Pródiga* y estalló una crisis política antes de su estreno, los Estudios San Miguel le entregarán las copias a Eva y ése habrá sido el final de su carrera como actriz. Resulta asombrosa la semejanza entre el personaje de La Pródiga al que los lugareños del filme denominan "la madre de los pobres" y "la hermana de los afligidos" al tiempo que los gobernadores la identifican como "la Señora", el mismo apelativo que usarán los funcionarios del gobierno para referirse a Evita años más tarde y el pueblo la honrará con el título de "Abanderada de los humildes": profecía cumplida o memoria del futuro.[23]

Poco tiempo después, hacia 1949 es cuando en Buenos Aires comienza a circular la extraña y macabra historia conocida como "el mito del niño asado" (Véase Cap.I.3.1) que el psicoanálisis rotuló como un

[23]"Memoria del futuro" es una expresión que utiliza Alicia Dujovne Ortiz en *Eva Perón. La biografía,* Justamente para referirse a este filme y se pregunta: "¿Pero acaso Evita podía imaginar en esa época que un día no lejano ella misma se convertiría en La Señora, La Dama de la Esperanza, o la Abanderada de los Humildes? ¿La fuerza de su deseo era tan grande que transformaba que transformaba la realidad"? Por desconfiados que seamos frente a las premoniciones, la coincidencia no deja de sorprender (…)" (Ortiz,2002:148)

"mito sobre Eva Perón" (Langer, 79). La oposición la veía a Eva como una "boca insaciable" y ése es el motivo central con el que el psicoanálisis explica el nacimiento y la circulación de este mito siniestro. En esa narración conviven por un lado, la imagen de la madre amorosa e ideal, la que adora a su marido, aquella que no precisa tener hijos propios –como la mucama del mito y como la Pródiga- porque todos los peronistas son sus hijos con la de la esposa infiel y lujuriosa – como la empleada que se viste con el traje de novia de la esposa para seducir al marido pero también como lo que se rumorea del pasado y de las intimidades de la Pródiga-. Algunas versiones indican que el padre del bebé era médico, en otras variantes que la asesina en lugar de desaparecer, se suicida, pero en todos los relatos la esposa enloquece,[24] aunque los detalles varían, el mito se propagó rápidamente y todos aseguraban haberlo oído de quienes conocían muy bien a los protagonistas.

Este mito se conecta con la historia de *La Pródiga* por tres elemenetos centrales, los espacios cerrados, la centralidad de los niños (ajenos, los hijos de otros) y la preocupación por la salud y el bienestar general de la infancia, tal como ha quedado representado en las escenas de la Marquesa con Simona y con Emilín en el filme:

> -Disculpen que los haya hecho esperar. Antes he tenido que atender a una paloma herida ¿Cuál de Ustedes es aficionado a la caza?
>
> -Perdón, no sabía que eran suyas las palomas
> -Es mío el valle entero. Por eso es muy difícil hacer daño a una sola de esas vidas sin que me duela a mí. (*La Pródiga*, 1945, 8':24")
>
> (...)-¿Qué tal Simona? ¿Siempre tan fuerte?
> -Vamos tirando, las piernas son las que se niegan

[24]Algunas versiones aclaran que, según averiguaciones posteriores a la tragedia, la empleada era una psicótica escapada poco antes de un manicomio.

-¿Es tu nieto?

-Por mi alma que se me queda ciego. Mírelo Señora

-¿No has visto al médico?

-Cobra muy caro pa' los pobres y vive tan lejos...

-Pero esto es muy... ¡Antonio! ¿Dices que está enganchado el coche? Simona lo necesita

-Que dios se lo pague Señora, Hermana de los tristes, Madre de los Pobres,

¡El cielo la bendiga! (*La Pródiga*, 1945, 32':27")

(...)-¡Emilín! ¡Ven acá! ¿No tienes un minuto para saludar a tu Madrina? ¿Por qué bajas los ojos? (...)

-Madriiiina...

-Así, ahora véte, es tarde

(*La Pródiga*, 1945, 39':30")

El 14 de julio de 1949 Eva Perón inaugura la Ciudad Infantil, una ciudad en miniatura de dos hectáreas en el barrio de Belgrano donde son recogidos los niños de familias pobres o huérfanas. En el mismo año inaugura los Hogares de Tránsito para atender problemáticas de mujeres, se construye la Clínica de Recuperación Infantil Presidente Perón en Termas de Reyes en Jujuy; se proyecta la Ciudad Estudiantil de Buenos Aires, Córdoba y Mendoza y Colonias de vacaciones en Ezeiza, Chapadmalal y Río Tercero; el Hospital para niños Presidente Perón en Catamarca; el Policlínico de Lactantes; el Policlínico de Niños y el Policlínico de Epidemiología Infantil de la Capital Federal.[25] Tal generosidad de espíritu con la infancia es la que resulta objeto de sospecha para sus detractores.

La Pródiga preanuncia extrañamente las transformaciones que la imagen de Eva sufrirá durante su vida, aunque resulte lamentable el exceso de moralina en la trama de *La Pródiga*, es justamente esa construcción

[25] A esta lista se suman numerosas inauguraciones de Policlínicas en distintas ciudades de nuestro país.

mojigata del relato la que obliga a Alarcón a darle muerte a su figura central: Doña Julia. Claro que será una muerte que la redima, por eso plantea un suicidio motivado por el arrepentimiento y la vergüenza lo que confirma la mirada escrupulosa del autor. Como buena villana romántica caerá desde las alturas como si el destino se ocupara de hacer justicia, de saldar las deudas para así restaurar un orden más conveniente.

II.2.3. El último descenso de la Pródiga: la consagración más elevada

Doña Julia se construye elevada, desde lo alto de las escaleras desciende a la plebe así como desde el retrato elevado en la pared preanuncia su aparición. Una cumbre personal sepultada en las honduras de su aldea que a su vez será degradada moralmente por los pobladores, los más pobres, los que están debajo de ella y a su merced.

Una vez instalado Guillermo en su mansión, ya fatigado de no hacer nada, cuando la pasión hubo decrecido, Julia se percata de los rumores que la condenan por convivir con un hombre sin estar casada. El filme muestra cómo los aldeanos huyen de las calles a su paso porque ella ya no asiste a la misa aunque lo condenan más a él que a ella, por su mala influencia sobre su bondad.

El camino que Eva Duarte seguirá en la historia tiene muchos puntos en común con el de la Pródiga. Lejos de la imagen de mujer hogareña consagrada a sus hijos elige la de la mujer independiente con su persona como único capital a explotar. Circula como la mujer amante, la mujer prostituta o la mujer adúltera, todas éstas son figuras que ponen en peligro, en términos de J.J.Sebreli: "la organización y la transmisión de la propiedad doméstica considerada como derecho natural" (Sebreli, 45). Los dos modelos de mujer se vieron encarnados en la figura de Libertad Lamarque y en la de Eva Duarte: la mujer que espera en oposición a la mujer que busca. Lo interesante de la polémica en torno a Eva Duarte es que no sólo los prejuicios pequeñoburgueses la condenaron por su pasado de "mala mujer" como el de la Pródiga, sino también "cierta beatería peronista que trata de convertir en tabú el pasado de Eva Perón, imponiendo una imagen estereotipada de santa, de virgen-madre y mártir, cuya actividad sería la pasividad: el sufrimiento, el martirio y la abnegación (...) (Sebreli, 46). Su enfermedad final unida a su voluntad férrea colaboraron en la operación de santificación, las enfermedades prolongadas y dolorosas llevadas con dignidad tienen el efecto piadoso de beatificar al muerto.

En la novela de Alarcón es el Párroco de la feligresía el que le dirige una carta a la Señora Marquesa reprochándole la indiferencia religiosa de la pareja y suplicándoles que dejaran de escandalizar a los humildes moradores del cortijo. Doña Julia declara no temerle a Cristo pero le da la razón al Párroco de que ambos debieran asistir a la misa para no ofender las creencias de los fieles. La conciencia de Julia no está presentada del mismo modo en la novela que en el filme. En el relato ella declara:

> no quiero que, al verme ir a la iglesia, me llamen hipócrita, o que les parezca armonizable y compatible faltar a su Dios (...) si me viesen entrar en su santa casa por otra puerta que por la del arrepentimiento y la penitencia; si me hallaran así haciendo ostentación de mis pecados delante de sus sagrados altares, la fe de estos rústicos padecería mucho más (...) (Alarcón, 184/5).

La Doña Julia de la novela presenta una coherencia e integridad atea que la Julia que Eva Duarte encarna no manifiesta. La de Alarcón es una Julia mucho más poderosa e inteligente, por el contrario, la de Soffici es una mujer que intenta no perder la femineidad sumisa con sus posesiones, en algunas escenas de prodigalidad más se asemeja a una monja caritativa que a una terrateniente protectora. A la pródiga de la versión del filme la atormentará la culpa, en cambio la de Alarcón encarnará la voluntad de no ser un tormento y una carga para su amado Guillermo. Frente a la posibilidad de casarse en la versión de Alarcón, Julia reacciona: "¡Casarme yo contigo! –exclamó ella riéndose con cierta especie de lástima o misericordia -¡Jamás! ¡Prefiero mi deshonor al tuyo! (...)" (Alarcón, 186)

Está clara la integridad moral no religiosa de la Julia de Alarcón; por el contrario, en el filme, para acallar los rumores ella acude mansamente a la iglesia donde el Párroco le dedica el sermón y se explaya sobre la parábola del regreso del hijo pródigo. La Eva-Julia baja los ojos avergonzada y desde el elevado púlpito el párroco la regaña frente a los aldeanos.

La novela cierra con el suicidio sorpresivo de Doña Julia que ha decidido lanzarse desde un peñasco, ahora sí, la pródiga en la cumbre se lanza al vacío hacia el sepultado yhundido paraíso. Sumergida en el valle comienza la historia de la Marquesa, encumbrada en el poder y enaltecida continúa su seducción, abatida por los rumores decrece en su ocaso moral hasta que finalmente declina voluntaria y fatalmente para quedar sepultada bajo tierra a la sombra de su árbol preferido. Inicialmente hundida en el valle y finalmente enterrada en los jardines que bordean su palacio campestre. En el filme de Soffici es recordada con honores y transformada en mártir y santa; en la versión de Alarcón en cambio, es olvidada por todos los que la conocieron.

Denominada la Pródiga; Doña Julia; la Marquesa; la madre de los pobres; la hermana de los afligidos y la Señora en su primer y último papel protagónico en el cine devendrá en la vida política en: la Abanderada de los humildes; la Señora; el hada buena; la Jefa espiritual de la Nación; Esa mujer; Persona; Difunta; ED (por Eva Duarte); EM (por Esa Mujer); El Paquete; Santa; Ella; El Catafalco; y finalmente Evita y entonces ya no hará falta apellido para referirla.

II.3. Mutaciones neobarrocas del cuerpo de Eva Perón.[26]

"Soy muy chiquita para tanto dolor",
Eva Perón

Nuestra tradición americana, si es que efectivamente la tenemos, tiene su origen en la superposición de un sistema ilustrado en uno barroco, en tal operación no hay desplazamiento ni ruptura algunas y en ese punto residiría nuestra originalidad latinoamericana (Celorio, 97). El ensayista

[26] Publicado originalmente en Montes, A. y Ares, M.C. *Política y estética de los cuerpos. Distribución de lo sensible en la literatura y las artes visuales.* Argus-*a*, 2019, pp. 9 a 28.

mejicano Gonzalo Celorio sigue a Octavio Paz en la convicción de que en América faltó un equivalente de la Ilustración y de la filosofía crítica, nunca habríamos transitado un siglo XVIII (Celorio, 2000). El Barroco fue un instrumento de conquista, pero acabó siendo un instrumento de contraconquista, fue una herramienta para la liberación. No se trata de que hayamos carecido de tradición crítica, sino que nuestra historia de las luces alternó, amigablemente, con el barroco (Celorio, 97). Dada nuestra historia colonial hispánica y por lo mismo excéntrica, afirma Celorio, lo original americano, lo propio, es tener cosas ajenas que nos hemos apropiado pues no las teníamos ni podríamos tenerlas, esa es nuestra originalidad. Como no hemos transitado por una tradición crítica como sí lo han hecho los europeos, en cambio, adquirimos una tradición crítica a la manera americana. Se trata de una tradición que se genera en la superposición, no en la ruptura. La superposición de un sistema ilustrado en uno barroco; es el montaje de a una cultura americana supuestamente peculiar sobre un conjunto de ideas europeas con pretensiones de universalidad (Celorio, 97).

Una idea firme del filósofo ecuatoriano Bolívar Echeverría es que el barroco latinoamericano contiene en sí el mestizaje y el debate de la colonialidad, pues los indios se habrían apropiado de la cultura barroca para inventarse en un nuevo cuerpo mestizo (Espinosa, 65-80). Pensar en términos de una estética descolonial implica deshacerse de la estética moderna y colonial que incluye las teo-estéticas de los siglos XV y XVII y las ego-estéticas nacidas en el siglo XVIII (Gómez, 19). La estética moderna europea colonizó la *aísthesis* (*αἴσθησις*): todo el universo de la sensación y la percepción; la vertiente descolonial de la estética intenta emanciparla de las categorías que la limitaron, la ordenaron, dictaminaron sus fundamentos y criterios de valoración. El barroco latinoamericano y el giro descolonial promueven un mundo no capitalista y no homogéneo, una liberación desde los márgenes e intersticios de la colonialidad de los afectos, sentires y perceptos. Tal sistema europeo ilustrado propuso enunciados universales que, en la transposición americana, se han peculiarizado. Si bien el neobarroco recurre a la parodia como tropo central, el neobarroco americano no se agota en ese recurso, aunque sí manifiesta una actitud crítica en la selección y reflexión aguda de los discursos de referencia con los que dialoga (no siempre para homenajearlos). Así como Severo Sarduy compara a Fidel Castro con el Cristo redentor,[27] así Daniel Santoro dibuja a Eva Perón como una esfinge egipcia y Ricardo Piglia la representa como una reversión de la Eva bíblica.[28]

La historia ha pretendido el orden perpetuo del cuerpo de Eva Perón al decidir embalsamarla y transformarla en estatua o momia y así mantenerla a salvo de la degeneración de sus tejidos y del devenir orgánico. El arte parece seguir ocupándose de desordenar semejante pretensión, de quebrarla, como si el cáncer padecido en el cuerpo de Eva, tal como afirma Susan Sontag (Sontag, 1980, 21), una enfermedad siempre asociada a los bultos y al crecimiento desmesurado de protuberancias y de excrecencias desproporcionadas, se estuviera manifestando artísticamente. Hasta el momento, su voluntad de volver y ser millones se va cumpliendo y consolidando en un corpus artístico y literario, cada vez más variado y proliferante.

[27]Sarduy hace esta comparación en "La entrada de Cristo a La Habana" en la novela *De dónde son los cantantes* (Cf. Celorio, Op.Cit.).

[28] En el marco de la conmemoración de los cien años del nacimiento de Evita, en mayo de 2019, la CGT- la Confederación General del Trabajo- le solicitó a la Iglesia iniciar el proceso de su beatificación. La carta fue enviada al Cardenal Mario Poli y argumenta que: "A cien años de su nacimiento, superadas dilaciones y divisiones inconducentes para el bien común, cundo su figura y obra han alcanzado el justo valor trascendente que poseen para nuestro pueblo y para todos los pueblos del mundo con sed de justicia, solicitamos que nuestra Iglesia acompañe el sentir popular y la coloque en los altares oficiales para felicidad de nuestros fieles y santos". El proceso podría durar años pues deberá probarse que el candidato vivió su fe "en estado heroico" para que sea declarado "venerable". Luego, se debe comprobar que Dios obró un milagro por su intercesión para que Evita pueda ser declarada "beata" y si se comprobara un segundo milagro se podrá proclamar su santidad. Un nuevo motivo para la beatificación y posterior canonización fue introducido por el Papa Francisco en 2017 que incluye a quienes que "con la intención de seguir al Señor, impulsados por la caridad, han ofrecido heroicamente su propia vida por el prójimo, aceptando libre y voluntariamente una muerte cierta y prematura." El Arzobispo de Rosario, Monseñor Eduardo Martín ha considerado legítimo el pedido.

II.3.1. Una teratología de Eva Perón: una máquina, una zombie, una esfinge y un espectro

Néstor Perlongher en 1975, Ricardo Piglia en 1992, Daniel Santoro (2004-2009) y Nicola Costantino en 2013 representan el cuerpo de Evita en diversas mutaciones, muy lejos de cualquier representación orgánica. Perlongher opta por la inestabilidad neobarroca de una Eva-Zombie, flaca y de voz cascada que confunden con un travesti. Piglia la construye como la mujer-máquina encerrada en un museo que deviene isla solitaria y que incesantemente relata historias en la figura de una Eva-Futura. Santoro, desde el arte visual, la representa como esfinge egipcia que nutre a los niños o bien como un ángel que despliega sus alas en medio de un bosque y como una Eva-Árbol Justicialista. La de Costantino no se manifiesta sino que se presenta por medio de un cuerpo ausente, evocado, desmaterializado y en ocasiones encarnado por la misma artista caracterizada.

La denominación neobarroca para aludir a sus transformaciones corporales apunta a cierta pérdida de integridad y de organicidad en permanente mutación. Tal inestabilidad, sin embargo, aunque parezca caprichosa sigue cierto orden (Calabrese, 12), por debajo de esas metamorfosis, hay una forma que subyace y que permite que la reconozcamos pues encontramos una serie de afinidades que habilitan una forma con cierta identidad. Eso que subyace, a riesgo de asimilarlo a alguna idea de sustancia o *hypokeimenon* griego como "aquello que yace debajo" funciona como un principio de organización no de la Eva histórica pero sí de su construcción representacional. Una cuestión central es que esta serie de mudanzas morfológicas son de naturaleza espacial, pero de tal variedad y tan numerososas que resulta abrumador intentar contenerlas y asombroso que intenten escenificar siempre y en todos los casos a la misma figura. Esto habilita el intento de diseñar una suerte de enciclopedia de Evita, es decir, un conjunto orgánico en el que cada elemento tenga relación con los demás de modo ordenado, lo cual le daría un sentido de sistema al conjunto de la totalidad de representaciones de Eva. En ese caso, tal sistema orgánico contendría en sí a todas y cada una de sus manifestaciones corporales, aunque ellas sean inorgánicas pues su racionalidad la adquirirían en la totalidad del conjunto. A la vez, la noción de enciclopedia, tal como indica Umberto Eco, funciona respecto de las unidades que la componen como un horizonte general de orden en el que se organizan todas sus morfologías (Calabrese, 21). El inconveniente con el que nos encontramos es que tales manifestaciones parecen no haberse interrumpido por el momento. En la medida en que se siguen produciendo nuevas imágenes corporales de su figura difícilmente podrá cerrarse tal enciclopedia, se constituirá así en una suerte de sistema ordenado pero abierto a nuevas incorporaciones y posibilidades. Se configurará entonces una pretensión de organicidad, pero sin clausura, sólo sostenida por la conjetura de que en definitiva habrá una "cosa" que podríamos quizá denominar *identidad-Eva* que subyace a todas sus representaciones artísticas y literarias.

Se funda así una suerte de teratología del cuerpo de Eva basado en la desmesura, en lo no-humano de lo maquínico y en la multiplicación de su imagen carente de original. Mutaciones monstruosas de una Eva que no cesa de transformarse en sus representaciones visuales y literarias en diálogo con la rareza de su génesis. Una oculta teleología morfológica se confronta a la inmutabilidad con promesa de eternidad perenne de su cuerpo embalsamado y custodiado por cámaras de seguridad en el cementerio de la Recoleta de Buenos Aires.

II.3.2. Un cadáver vivo: la Evita de Perlongher y una inestabilidad atroz

Las obras que aquí se reúnen se han producido en cuatro épocas de la Argentina muy diferentes: los setenta, los noventa, la primera y la segunda década del siglo XXI. Cuando Perlongher publica *Evita vive* en 1975, nuestro país está instalado entre la denominada Revolución Argentina de 1966 que derrocó al Presidente constitucional Arturo Illia mediante un golpe de Estado, y el golpe militar del ´76. Entre uno y otro acontecimiento hubo elecciones, la de 1973, en las que triunfó el candidato peronista, Héctor J. Cámpora. En el mismo período, pero cinco años antes, Copi había publicado *Eva Perón* (1970) y en 1972 se editó "Eva Perón en la hoguera" de Leónidas Lamborghini. Es cuando el cuerpo de Eva es devuelto a Perón después de haber estado enterrado en Milán y ya se la puede volver a nombrar. Si en textos previos se la refirió como doble o muñeca, tal es el caso de "El simulacro" de J.L.Borges (1960) y de "La señora muerta" de David Viñas (1963), con Perlongher se manifiesta una Evita como una muerta-viva que se corporiza como prostituta, drogadicta y santa apenas bajada del cielo. Esta proliferación barroca en la que el significante *Eva* va progresando de forma orbital y disparatada, confronta al lector con el vaciado de referente, Eva es todas esas posibilidades y a la vez ninguna. Deja pues, y una vez más, a Eva en el exilio, expulsada y allí en su absoluto vaciamiento que recuerda la operación del Dr. Ara sobre su cuerpo, renace una vez más, se constituye y vive. "Evita vive" es un relato que no prospera señala Adrián Cangi, no se trata de que no progresa sino que "conquista una superficie el plano fantasmagórico y la multiplicación de visiones" (Cangi, 7). Su cuerpo se deforma, se transforma y transmuta, en ningún momento se define acabadamente su personaje, este recurso se reitera justamente para desmontar una memoria cristalizada y estereotipada de Eva. En las antípodas de una representación santificada o angelada de su figura elige el camino de la crueldad y la inhumanidad y allí no hay lugar para la culpa ni para el resentimiento, pues considera, siguiendo a Nietzsche y a Artaud, que es ésa la vía por la que se accede a la reconciliación con lo real (Cangi, 15).

II.3.3. Un abismo fractal: la Eva de Piglia, una máquina literaria

Diecisiete años después, en 1992, se publica *La ciudad ausente* de Ricardo Piglia en una Argentina con nueve años ya de democracia ininterrumpida. Para esa época se había podido comenzar un proceso de revisionismo de lo silenciado y negado durante los años de la dictadura militar y a Eva ya se la puede nombrar. Piglia ahora no se ve obligado a encriptar las referencias nacionales e históricas como en su novela anterior de 1980 *Respiración Artificial.* En este período se destaca el recurso a lo sobrenatural al referirse a Eva lo que contribuye a la construcción mítica de su figura y mesiánica en el caso de Piglia (de Mendonça y Lafosse, 2006). Tres años después, en 1995, Tomás Eloy Martínez publicará su exitosa novela histórica *Santa Evita* tejiendo un magistral cruce entre historia y ficción con ingredientes sobrenaturales que abonan la construcción mítica de su figura. La idea de la reencarnación ya había sido instalada por el mismísimo López Rega en tiempos de Isabelita, rituales umbanda mediante, él intenta que el alma de Evita transmigre al cuerpo de la futura vicepresidenta. De modo tal que se logre la verdadera inmortalización en un nuevo cuerpo, proyecto frustrado por la reacción montonera que entonaba a coro que "Evita hay una sola, no rompan más las bolas" (Kohan/ Rocca, 109).

Heredera de una tradición que tiene sus orígenes en Eduardo L. Holmberg quien publica en 1879 el cuento "Horacio Kalibang o los autómatas", considerado el primer relato argentino sobre vida artificial (Sarti, 283), la literatura argentina revive a la mujer amada y perdida de muy diversas formas, en el caso de Eva Duarte se cruza la reanimación erótica con la política y la maternal entre otras. Piglia, sigue este camino y retoma el trazado por Macedonio Fernández al presentar una Eva-Futura hecha máquina. La propuesta de *La ciudad ausente* funde la tradición de la Eva de Auguste Villiers de L'Isle-Adam quien había publicado en 1886 *La Eva Futura* en la que se utiliza por primera vez el término "androide", acusada de misógina, la novela relata la fabricación de una "ginoide" a semejanza de la enamorada del protagonista que replica la hermosura de la original pero que espiritualmente es superior. La Elena del *Museo de la novela de la Eterna* se inscribe en una trayectoria barroca de textos en filigrana. Se trata de una máquina encerrada en un museo, que a veces muta en isla, que no puede parar de contar historias, una mujer máquina que es Elena, pero muta en Lucía Joyce, en mujer-pájaro y en Eva, que con reminiscencias perlonghianas, declara que estar muerta es estar viva. La Elena-Eva en la versión operística de G. Gandini se reconoce a sí misma cantando: "embalsamada como una muñeca y viva como una música", e insiste una y otra vez en que es una y es todas. El responsable de haber insertado el cerebro de Elena ya muerta en la máquina es el Dr. Arana de similitud no sólo fonética con el Dr. Ara, el taxidermista elegido por Perón para tornar incorruptible el cuerpo de Evita. La Eva pigliana confiesa que su condena es no morir, y se siente "presa en la máquina para siempre".

De recurso barroco espiralado si la máquina no puede parar de contar historias, si la máquina pigliana es la literatura argentina o la historia argentina, entonces Evita no muere porque nada impide que se siga reversionando, reinterpretando y recreando. Eva encarnada tecnológicamente produce literatura, representaciones donde ella misma surge ficcionalizada en la misma novela que Piglia escribe, origen y producto que se unen en un mismo punto con trazo de *ouroboros*, como un dibujo de M. C. Escher o un cuento borgiano. La máquina pigliana puede ser leída como una *mise en abyme* en fantástico diálogo con el inicio de su novela anterior *Respiración artificial* donde se pregunta: ¿hay una historia? La Eva encerrada en una máquina de relatar, ¿es la Evita histórica y también es la primera mujer que Dios creó sobre la tierra o también esos no son más que relatos de ficción? Esa maravillosa madeja de referencias significativas cruzadas y contradictorias conforman el universo de la Evita pigliana en esta década.[29]

II.3.4. Un enigma egipcio: la Eva de Daniel Santoro

Desde las artes visuales y diez años después, Daniel Santoro, pintor argentino especializado en iconografía peronista, produce en 2002 tres libros de artista dibujados y hechos a mano por él mismo: los *Manuales del niño peronista* que evocan a los libros de educación inicial para el aprendizaje de la lecto-escritura escolar de la época, y continúa hasta 2009 dibujando a Evita.

Ya iniciado el siglo XXI no se niega el carácter mítico de la figura de Eva, por el contrario, la literatura se adentra en los pliegues de esa construcción, la rearma para luego desarmarla, tal es el caso de la novela de Carlos Gamerro *La aventura de los bustos de Eva,* publicada en 2004. La obra de Santoro por su parte, se regodea en esas construcciones míticas estereotipadas en las que se percibe la construcción misma y la operación

[29]Cabe mencionar que varios años más tarde, en 2018, Ricardo Piglia publica el cuento "La película" compilado en *Los casos del comisario Croce* en el que se relata un mito urbano que circuló por el año 1955 en torno a la existencia de una película pornográfica protagonizada por Eva Duarte. El cuento se construye desde la lógica del rumor, la conspiración y la pasión.

de santificación, pero ya con una mirada histórica y algo nostálgica. Con estrategias propias de una estética *kitsch*, sin llegar a ser *camp*, representa el cuerpo de Eva ligado a la naturaleza, a la escultura y a la angeología. La Eva esfinge en *La esfinge* (2001) de Santoro infunde respeto y misterio a la vez, si ella contiene un acertijo o enigma a resolver y si está entre nosotros significa que esa verdad aún no ha sido descifrada por ningún mortal.

En la mitología griega, la esfinge era un demonio de la destrucción y la mala suerte representado con rostro de mujer, cuerpo de león y alas de ave. La esfinge, relata Heródoto, se caracteriza por haber aprendido el arte de formular enigmas de las Musas en forma de canto. Los trazos de Santoro siguen las huellas de las imágenes *clichés* de las ilustraciones de revistas infantiles como *Billiken* y ha sido toda su iconografía peronista estudiada en diálogo con la cinematografía de Leonardo Favio dado que ambos cristalizan la idea de que el peronismo fue la era de la felicidad ahora perdida y por eso deciden transformarla en mito *kitsch* (Abadi y Lucero, 269).

Cabe recordar dos libros sobre peronismo, uno es el ensayo de Hugo Chumbita que lleva la palabra "enigma" en su título: *El enigma peronista* (1989) y el otro más inquietante es: *El enigma* de Manuel Bernardes (h.) (1950) de la tradición de lo que se denominó "peronismo ocultista" y considerado un título predilecto en la biblioteca de José López Rega, "el brujo de Perón". Un texto considerado turbador de 1964 y de circulación muy reservada fue: *Logia Anael. Larazón del tercer mundo. La programática anaelina: Perón-Adhemar Barrios*, considerado un protocolo del peronismo ocultista con componentes egipcios. Se dice que López Rega al ser informado de que Perón acababa de fallecer, le dio unos pases mágicos y un masaje en los pies mientras gritaba: "No te vayas Faraón, vuelve". La idea de la transmigración del cuerpo de Eva al de Isabelita, proyecto del apodado "Brujo" incluía apoderarse del apellido Perón y del derecho al diminutivo del nombre de pila (Kohan/Cortés, 109). El texto programático de la Logia cierra con una pirámide egipcia pues el nombre "Anael" estaba tomado del Catecismo de la Masonería egipcia redactado por su fundador en el siglo XVIII: el "Conde de Cagliostro".

El enigma de Bernardes inicia la sección "Respuesta de la esfinge" con el título "Toda una mujer. Evita. La belleza" realzando su dignidad moral, su seriedad, su capacidad de trabajo y en líneas generales destacándola como una mujer excepcional a nivel mundial y "de todos los tiempos" (Bernardes, 73).

Lo monstruoso de las representaciones de Evita en Santoro tiene su habilitación en la jornada del 17 de octubre de 1945 cuando surge "una nueva expresión política de la corporalidad" (García, 149). Ese día la CGT llamó a una huelga general reclamando la libertad de todos los presos civiles y militares, entre ellos se encontraba Perón que tres días antes había sido recluido en la isla Martín García. Una multitud se reunió en Plaza de Mayo para reclamar la liberación, un tumulto de, como decía Evita, "grasitas" sumergía sus "patas en la fuente", se descubría el torso y agitaba sus brazos. Surgía una nueva monstruosidad, con inéditos registros de conducta y una estética escandalosa para el estándar de la alta cultura.

Inscripta en este nuevo monstruo de "cabecitas negras" se erige la figura de Eva como signo distintivo del peronismo. Esta nueva corporalidad pública y deforme es la que trabaja Santoro desde la desmesura y lo excedente, porque sobrepasa la medida y una concepción de perfección de tipo clásica.

Pero el esperpento también presenta un carácter misterioso, en términos de Calabrese: cierta "misteriosidad" que sugiere una admonición oculta que deberíamos poder descifrar, tal es el caso de la Eva-esfinge. Con Perlongher, Eva baja del cielo, pero con Santoro una Eva-ángel que se eleva entre los árboles en *Libro de horas* (2013) cumple con otra monstruosidad neobarroca, el exceso morfológico de las alas alude a desmesuras también espirituales, en este caso positivas; en Perlongher en cambio, las deformidades eran negativas. El monstruo descamisado encarna en el monstruo bello y alado de Eva o bien en la Eva-árbol de *Vacío ideológico con jardín verticalista* (2004) que sostiene todas las ramas del justicialismo sobre sus delicados pies.

II.3.5. La Eva de Costantino: una replicación de espectros

Eva momificada y escondida de nuestra mirada, una suerte de

Palas Atenea protegida y oculta en su Partenón de La Recoleta, se multiplica en imágenes reflejas en la obra de Costantino. *Eva. El Espejo* es una instalación que forma parte de una obra mayor que es *Rapsodia Inconclusa.* La instalación estádedicada en su totalidad a la figura de Evita en la que se registran cuerpos multiplicados en el reflejo de una Eva-Nicola íntima. Desaparecido el original nos contentamos con lo que para Platón estaba en el grado ontológico más bajo, al borde del no-ser, con *eikones* (Εικόνες): sombras, reflejos en las aguas. Privadas de un original, proliferan las copias que se reflejan entre sí hasta el paroxismo en un juego de espejos. Refracciones de un neobarroco desequilibrado que no llega a convocar a su objeto-sujeto que es Evita. No puede convocarla pues se ha perdido, se desplaza, se escapa y desde esa carencia se multiplica en imágenes. La instalación de Costantino propone la repetición al tiempo que parcela y fragmenta la imagen de Eva para denotar que en el seno mismo de tales disrupciones espaciales emerge su eternidad. La obra que representó a nuestro país en la Bienal de Venecia en 2013 muestra a una Eva en el reflejo de un simulacro pues es la misma artista quien la encarna reproduciendo su vestuario, su peinado y sus gestos, pero en el mero reflejo.

La instalación propone un dormitorio íntimo, lujoso, iluminado por dos pequeños veladores a los costados de la cama, y dos grandes espejos enfrentados. El aparente reflejo de una falsa Eva, se maquilla, se peina y con gestos de coquetería se acomoda su vestido en la soledad de su cuarto. El visitante ingresa con sigilo pues la obra propone una Eva íntima hasta que descubre que en esos espejos se proyecta la imagen de Costantino misma, caracterizada como Eva. El ambiente es inquietante y por momentos aterrador pues logra que el espectador viva una intimidad que le es ajena junto con la amenaza ilusoria de que Eva se presentará en persona de un momento a otro.

II.3.6. Una trans-sublimidad barroca: un juicio reflexionante "a medias"

Anunciadas como mutaciones neobarrocas por los recursos con los que los cuatro autores/artistas representan el cuerpo de Evita, cabe la reflexión del término neobarroco y la pertinencia de lo aquí aplicado. El

Neobarroco es una poética y a la vez un modo de leer, el caso ejemplar es el Neobarroco de Severo Sarduy (1972) en el que sus ensayos pueden tomarse como una máquina de leer o bien como un soporte conceptual para abordar sus poemas y ficciones. Cuando Haroldo Campos retoma el término en 2004 lo refiere como "transbarroco latinoamericano" pues incorpora el eje de la temporalidad a la expresión. Con Perlongher se engendra el término "Neobarroso" como derivación poética con la inclusión de lo fangoso por el carácter móvil del concepto. Como "Era Neobarroca" lo plantea Omar Calabrese y destaca la oposición con lo clásico al afirmar que la certeza es la característica fundamental de lo clásico, en tanto que la duda, la experimentación y las crisis son propias del Neobarroco (Calabrese, 206). Ésta sería la ley fundamental del canon, que lo clásico produce géneros en tanto que lo barroco degenera y desestabiliza los sistemas ordenados.

El barroco latinoamericano ha sido considerado por el filósofo ecuatoriano Bolívar Echeverría, una forma de resistencia cultural a la modernidad capitalista. Su teoría del "ethos barroco" propone una suerte de "Modernidad alternativa" que puede entenderse como una Modernidad no capitalista latinoamericana. El término *ethos* lo entiende como un principio de construcción cuyo fundamento son las intenciones de los sujetos y el barroco estaría designando esa resistencia a la lógica del "valor de cambio" y al rescate del "valor de uso" según la tradición marxista, es decir, privilegiando la forma natural de los objetos que se da en el consumo individual. Se abre así la posibilidad de pensar un barroco poscapitalista y mestizo en términos de una modernidad alternativa. Así es que, en Perú, José Carlos Mariátegui, no aprecia el coloniaje y el legado cultural hispánico con sus iglesias excesivamente decoradas y gongorinas, por el contrario, lo califica de reaccionario en defensa de los orígenes pre-hispánicos y promoviendo una visión marcadamente indigenista. Se registran afinidades entre el barroco tal como Bolívar Echeverría lo entendía hacia fines de los ochenta y lo que se configuró como neobarroco caribeño a mediados del siglo pasado. Sin embargo, lo que suscitó la posición del filósofo ecuatoriano, fue su oposición al concepto de posmodernidad, en respuesta y en medio del debate es que formula su concepción de barroco (Espinosa, 65-80).

En América Latina, el barroco se plasmó como un estilo artístico y cultural bien heterodoxo. Algunos de sus exponentes más sobresalientes han sido José Lezama Lima, Severo Sarduy y Alejo Carpentier, quienes lo han entendido como producto de la transculturación moderna. Lezama Lima lo definió como "un arte de la contra-conquista" y en general todos se oponían abiertamente a una modernidad de carácter iluminista, racionalista, homogeneizadora y cartesiana. En cambio, festejaban el advenimiento de un nuevo universo artístico y cultural en el que se celebraba la diferencia, los saberes débiles y el reciclaje, muy distante de los dualismos cartesianos. El neobarroco delineado por el filósofo italiano Omar Calabrese no se puede ubicar en la misma línea de Echeverría pues presenta un eco de defensa de lo posmoderno demasiado notable y por tanto cuestionable desde su perspectiva. Imposible no mencionar la influencia de *El origen delTraverspielalemán* de Walter Benjamin (1928) y su figura alegórica de la ruina para pensar la historia como espacio de la muerte y de la melancolía con alusión a aquello que está ausente: "alegoría" es "decir lo otro", "decir algo para decir otra cosa": *αλλος* (*allos* = otro), *άγοϱά* (*ágora* = asamblea, plaza pública, mercado, discurso). Echeverría se apropia de esta idea benjaminiana para pensar la nueva identidad mestiza de los indígenas urbanos fundada en el espacio de la muerte, la catástrofe y de la conquista. Sí, resultan problemáticas las similitudes del posmodernismo y el barroco latinoamericano, pues presentan muchos puntos de contacto los rasgos de la cultura neobarroca y la lógica del capitalismo tardío tal como la caracteriza F. Jameson o incluso J. Baudrillard con su noción de simulacro. Lo que las distancia es la defensa del consumismo y del valor de cambio de la posmodernidad con su lógica de la equivalencia en contraposición con el aprecio por el derroche de eco batailleano y la crítica al valor de cambio del barroco.

En el cuerpo de Eva Perón se manifiesta una suerte de derroche barroco con una carga simbólica religiosa, espiritual y política con resultados fantasmagóricos porque en ella se visibiliza lo sobrenatural y esto a su vez fomenta la idolatría, que resulta una categoría social especialmente barroca. La búsqueda de las tradiciones vernáculas perdidas o incluso la invención de nuevas, creando antigüedades ficticias tal como lo proponía J. C. Mariátegui en América latina, son la condición de posibilidad para cualquier utopía. En la figura de Eva Perón se conjugan ambos movimientos: se la rescata del pasado histórico para la dignificarla y para bastardearla al tiempo que en la actualidad se la reinventa proteiforme.

A Eva se le niega una identidad estable, única y delimitada, el barroco argentino -si lo hay- la transforma a la medida de las ideologías que la defienden o la denostan y la rodean de signos variados como en la obra de Marcos López: Carlos Gardel, el Che Guevara, el Gral. San Martín, Andy Warhol, una pileta tipo "Pelopincho", Evo Morales, Hugo Chávez, la bandera Wiphala, la ropa tendida en la soga, la manguera y el asado argentino. En *Suite bolivariana* (2009) el barroco latinoamericano se transforma en lo que López identifica con el término "sub-realismo criollo" o "Pop latino" caracterizado como la extra-limitación, el exceso, el desvarío, el "cartoneo", el "mostrar la hilacha" y la apropiación de la religiosidad popular. En la escena el busto de Evita flota en la pileta de plástico con un salvavidas inflable, sonriente, con el traje de la portada de la edición de *La razón de mi vida* de la edición Peuser.

Tantas y tan variadas mutaciones de la figura de Evita parecen exigir unidad, contención, un paradigma moderno pediría una identidad estable, un universal desde el cual puedan leerse las versiones múltiples y así otorgarles un sentido único al cual remitirse. Los datos históricos no agotan esa significación frente a tal profusión de representaciones, tampoco la política, ni el psicoanálisis, el referente Eva Perón se ha desmadrado. Sería un error recurrir al juicio estético de lo sublime kantiano intentando contener tal profusión,[30] suponiendo que la aspiración a una idea pura de la razón pueda calmar lo incontrolable de las representaciones visuales y literarias. Si así lo hiciéramos estaríamos dando una contención

[30] Respecto de la apelación a lo sublime en relación a Eva Perón, cabe mencionar a Beatriz Sarlo en el apartado "Lo sublime" de *La pasión y laexcepción. Eva Borges y el asesinato de Aramburu*, donde desarrolla el concepto y declara: "(...) lo que rodeó la muerte de Eva Perón, y sobre todo, el tratamiento de su cadáver, tienen el carácter ilimitado y terrible de lo sublime pasional." (Sarlo,2008:111). Allí desarrolla lo sublime respetando la caracterización kantiana del juicio.

falsa a semejante desborde. Sin embargo, quizá la postulación de un camino a la sublimidad sin llegar nunca a destino podría colaborar en la reflexión. La propuesta es pensar un trans-sublime que habilitaría al pensamiento latinoamericano a transitar el exceso que desborda la capacidad de nuestras facultades, pero dejando suspendida la posibilidad de pensarlo en términos de infinito.[31] Es el modo en el que el pensamiento descolonial intenta diferenciarse del pensamiento ilustrado y moderno europeo, el sentimiento estético de lo sublime es el que habilita a concebir lo infinito, lo informe; en cambio, el juicio "trans-sublime" dejaría que la reflexión transitara la variedad excesiva no conceptualizable, sin el apuro de buscar lo universal -lo infinito- ni conjeturarlo ni pretenderlo. Por el contrario, permitiría instalarnos con profundidad en ese placer displacentero, que los románticos alemanes describieron con tanto rigor, sin la urgencia de cerrarlo, sin el apuro de etiquetarlo y sin postular universales incognoscibles como el infinito o Dios. Allí, quizá, lo latinoamericano pueda deslizarse con soltura, estremecerse en esa incomodidad e imprevisibilidad que nos es tan conocida y cotidiana en el cono sur.

[31]Esta propuesta intenta diferenciarse cabalmente del "anti-sublime descolonial" fundado en la dignidad propuesto por Madina Tlostanova. La caracterización expuesta resulta interesante pero difícil de comprender pues no acaba de precisar con rigor en qué sentido la dignidad que la autora opone al miedo se relaciona con el juicio de lo sublime según la tradición filosófica del término (Gómez,2014:89).

III. La mirada velada

III.1. Rapsodia Inconclusa de Nicola Costantino: del exceso a la ausencia de cuerpo.[32]

Rapsodia Inconclusa es una obra de la artista rosarina Nicola Costantino que representó a nuestro país en la 55° Bienal Internacional de Venecia en 2013.[33] La muestra está centrada en la figura de Eva Perón y está compuesta por instalaciones, videoinstalaciones y fotos-objeto que se dividen en cuatro estaciones tituladas: *Eva. La lluvia, Eva. La fuerza, Eva. El espejo y Eva. Los sueños.*

Se suman a esta muestra un cuerpo de documentos, notas y artículos sobre la artista y su obra, videos sobre el backstage del montaje en la Bienal y la proyección de la película biográfica de Nicola Costantino: *La artefacta.*

Las fotos objeto son seis: *Eva. La letra, Eva. Los sueños, Eva. La fuerza (torso), Eva. La morada, Eva. La palabra, Eva. La mañana.*[34]

Lo que sigue se propone reflexionar acerca de la ausencia de cuerpo en *Eva. La fuerza* y *Eva. Los sueños* en contraposición con la "sobreabundancia de cadáver" en la historia de Eva Perón: las estrategias y manipulaciones de los políticos, los militares y los sindicalistas peronistas sobre el cuerpo enfermo y luego muerto. Tal ausencia se configura sobre una zona de tensión entre lo visible de ambos dispositivos, uno en video panorámico y otro, de escultura cinética; y, lo acusmático en ambas obras, esto es, sus particulares sonoridades.

En estas operaciones del cuerpo de otro, en este caso de una mujer en un medio absolutamente varonil, dos estrategias antagónicas pueden apreciarse, la del dominio y manipulación con una posterior fetichización

[32] Publicado originalmente en Montes, A. y Ares, M.C. *Cuerpos presentes. Figuraciones de la muerte y la enfermedad, la anomalía y el sacrificio.* Argus-a, 2017, pp.33 a 53.

[33] En Buenos Aires, del 6 de marzo al 3 de mayo de 2015, la colección de Arte Amalia Lacroze de Fortabat expuso la obra con la curaduría de Fernando Farina y textos de María Laura Rosa y Florencio Noceti.

[34] De las fotos-objeto y de la película nos ocuparemos en un futuro ensayo.

de su cuerpo muerto y por el otro lado, la del respeto y desplazamiento desfetichizador en la operación de Costantino. Tales operaciones se despliegan en esa tensión entre lo que se ve y lo que se oye y tejen un sentido en la espacialidad que disponen.

Nicola Costantino propone una lectura del personaje de Eva Duarte desde una perspectiva si no a-política, sí pre-ideológica, pues queda atenta a los gestos sin profundizar en la carga espectral que los sostiene. La muestra intenta esquivar y eludir deliberadamente cualquier polémica histórica y política justificándose con la propuesta de mostrar a la persona más allá de la líder: ¿maniobra ingenua la de Costantino o hábil estrategia?[35] Es una mirada que se enfoca en una serie de gestos de la líder que no tienen un sentido ideológico concreto,[36] la artista logra liberar la figura de Eva del pensamiento justicialista y así suspender el significado peronista. La obra se enfoca en los signos y en los pliegues sígnicos, sin atender a la interioridad de un sentido, sino más bien desplegando la profundidad de sus gestos hasta alcanzar incluso el extremo de la manifestación de su absoluta ausencia.

De las instalaciones, dos pueden considerarse piezas de arte electrónico: *Eva. La fuerza* y *Eva. Los sueños.* Ambas se proponen como "obras en proceso" pues sus momentos sensibles-entendidos en sentido adorniano- se presentan en incesante configuración. Esta perspectiva abre la posibilidad de considerar el proceso desde el polo de la recepción pero también desde el polo de la obra: el espectador de arte electrónico puede

35 En ocasión de la Bienal de Venecia, Costantino marcó sus diferencias respecto de la mirada de Evita que intentaba presentar con su obra frente a la perspectiva de la Presidencia de la Nación que había asociado una serie de videos de la vida de Eva a su obra y había propuesto el cambio de título por el de *Eva Argentina, una metáfora contemporánea.*

36 Tomamos esta estrategia de lectura de los dichos que Slavoj Zizek expone sobre *Rammstein* (la banda musical alemana de metal industrial) y el nazismo en su documental *The Pervert's Guide To Ideology* (2006). Acusada de "coquetear" con la iconografía militar nazi, el autor opina que se trata de puros elementos investidos libidinalmente. El goce está condensado en algún tic básico, gestos que no tienen un sentido ideológico concreto. Lo que *Rammstein* hace es, "liberar estos elementos de su articulación nazi, permitiéndonos gozarlos en su estado pre-ideológico. La forma de combatir el nazismo es gozando de estos elementos, por ridículos que puedan parecer, suspendiendo el horizonte de significado nazi. De esta forma se mina al nazismo desde dentro".

devenir en usuario, esto significa que no hay sólo una actitud contemplativa en él, que en ocasiones puede devenir también en una actitud intelectual, sino también que la obra misma presenta una configuración sensible que le es propia (Zuzulich, I).

III.1.1. *Eva. La lluvia*: un cortejo de lágrimas

La pena se manifiesta en *Eva. La lluvia.* Inspirada en el duelo nacional que acompañó el deceso de Evita, por la sonoridad de las gotas que caen sobre la chapa y que evocan las lágrimas de desesperación y tristeza que enlutaron al país. *Eva. La lluvia* presenta una suerte de sala de cirugía, con antiguas luces para realizar una operación quirúrgica que apuntan a una camilla en la que se amontonan lágrimas de agua solidificada. La instalación estetiza la enfermedad y la muerte con estrategia metonímica, lo novedoso es que se logra desde la ausencia del cuerpo sufriente, desde el vacío material porque ahora sí por fin, no hay cuerpo. Como si se tratara de una obra compensatoria y respetuosa del cuerpo del otro, no reproduce a Eva como una muñeca -eso la artista ya lo hizo consigo misma en su otra obra: *Trailer* y no terminó bien esa réplica- ni como maniquí ni tampoco expone fotos de la difunta. Recupera espectralmente su figura enferma sin estrategias macabras. Como si se tratara de un cuerpo compuesto de lágrimas peronistas en un día lluvioso de duelo nacional.

La decisión de dejar vacante el lugar del cuerpo en la obra también puede leerse como el secreto y la vergüenza de y por la manipulación de su cadáver.[37] El secreto del paradero de su cuerpo durante tantos años y la vergüenza por los vejámenes a los que se la sometió una vez momificada. Como si se tratara de un acto de reparación y solidaridad de género frente a la humillación padecida post-mortem. Ranajit Guha observa que: "[...](1995) cuando una mujer ha sido víctima, por tímida que resulte, llega a contemplarse como un objeto de la injusticia, ya ha comenzado a

[37] De secreto y vergüenza también habla Guha respecto del cuerpo grávido de Chandra, la actividad de las mujeres en el texto está envuelta en una atmósfera signada por el secreto y la vergüenza (si bien en el texto se trabaja el cuerpo femenino en función del embarazo y el aborto, cabe la conexión).

cumplir el papel de crítica del sistema que la victimiza. Y cualquier acción que derive de esa labor crítica contiene los elementos de una práctica de resistencia". La de la instalación es una vacancia significante, porque es la puesta en escena de la vacancia, está todo dispuesto para que se manifieste la falta de cuerpo, es casi un señalamiento ostensivo nada disimulado. Para que el silencio o la ausencia sean notados precisan de un marco que delate que es voluntad de la obra destacar ese vacío, que no se trata de un descuido o desinterés, por el contrario, ese vacío se subraya y se propone como protagonista de la obra. Pero para lograr tal fin es necesaria una acertada y precisa puesta en escena de la ausencia y los elementos que Costantino elige para enfatizar el vacío son de metales pesados, acero inoxidable, chapa, y hierro como también ocurre en *Eva. La fuerza.*

III.1.2. *Eva. La fuerza*: una autómata

Eva. La fuerza de Nicola Costantino (2013) presenta una estructura de hierro que se dice que Eva habría usado debajo de su tapado de visón el 4 de junio de 1952 para sostener su cuerpo débil y moribundo. Fue su última aparición pública en ocasión del acto de asunción de Perón a su segunda presidencia. Eva acompaña a Perón en el cortejo público y desde el auto, ambos de pie, saludan a la multitud. *Eva. La fuerza* recrea esa estructura pero con un motor que la impulsa, el motor mueve al maniquí metálico sin cuerpo y sin vestimenta hasta hacerlo chocar contra un zócalo del mismo material que dibuja la frontera que lo circunda. El sonido del choque y el leve rugir del motor es continuo en la muestra y se articula con el goteo incesante de las lágrimas de *Eva. La lluvia.* El ambiente que crea la muestra es algo macabro y bastante aterrador.

Eva. La fuerza evoca el cuerpo ausente a punto de morir, un cuerpo muy delgado y consumido por la enfermedad, pero también cierta reminiscencia de los cinturones de castidad. El cinturón de castidad erroneamente se cree que fue usado en la Edad Media para asegurar la fidelidad de las mujeres cuando los hombres partían a luchar en las Cruzadas. En realidad, era utilizado por las mismas mujeres para evitar la violación, en especial por enfermeras y religiosas que atendían heridos en los frentes de batalla, en épocas de acuartelamiento de soldados y también cuando debían pasar alguna noche en posadas. Este dato resignifica la estructura de hierro por el poderío y autonomía -no precisa que nadie la transporte ni la lleve porque se mueve a sí misma- que transmite el artefacto a la vez que remite desde su contrario a los abusos y violaciones que habría sufrido el cadáver embalsamado de Eva al no haber estado protegido íntimamente por nadie.[38]

La manipulación obscena del cuerpo momificado de Evita, sus disparatados itinerarios, sus enamorados necrofílicos están registrados todos como individuos masculinos. Es significativo que tales perversiones -se dice que el Coronel Moori Koenig manoseaba y vejaba el cadáver de Eva a la vez que lo mostraba como trofeo a todos sus visitantes- encuentran un final cuando una mujer interviene y resulta la única que da a conocer con horror lo que se está haciendo con ese cadáver en plena dictadura militar, esa mujer fue María Luisa Bemberg. Fue ella una desprevenida visitante del Coronel quien resulta testigo del desparpajo del hombre y que con espanto luego se lo comenta a un amigo de su familia que a su vez era Jefe de la casa Militar, el capitán de navío Francisco Manrique quien a su vez, informó a Pedro E. Aramburu. El comentario de Bemberg acabó en lo que se llamó el "Operativo Traslado" y puso punto final a la custodia del cuerpo de Eva que se le había encargado a Moori Koenig.[39]

---

[38] Gustavo Nielsen en cambio asocia la estructura de hierro a un elemento de tortura: "Hace pensar en las jaulas de hierro florentinas de finales del siglo XVII o principios del XVIII utilizadas por los Signori della Giustizia, adonde colgaban a los reos para que sirvieran de escarnio público y picota. Los cadáveres eran rociados con resina de pino a fin de retrasar la descomposición y se los ataba con correas para impedir el desprendimiento de los miembros. Así dispuestos, se exponían durante largo tiempo para mantener a raya la moral pública" (Cf. "Bajo la piel de Eva", Suplemento "Radar" en *Pagina 12*, 15 de marzo, 2015).

[39] Felipe Pigna escribe: "Enterado Aramburu del asunto, dispuso el relevo de Moori Koenig, su traslado a Comodoro Rivadavia y su reemplazo por el coronel Héctor Cabanillas, quien propuso sacar el cuerpo del país y organizar un "Operativo Traslado". Allí entró en la historia el futuro presidente de facto y entonces jefe del Regimiento de Granaderos a caballo, teniente coronel Alejandro Lanusse, quien pidió ayuda a su amigo, el capellán Francisco "Paco" Rotger. El plan consistía en trasladar el cuerpo a Italia y enterrarlo en un cementerio de Milán con nombre falso" ("Secuestro y desaparición del cadáver de Eva Perón" en *El Historiador*, 30 de abril de 2017, ISSN 1851-5843).

El término arte electrónico designa a las manifestaciones artísticas que utilizan las denominadas "nuevas tecnologías": puede tratarse de audiovisuales, computarizadas, telemáticas (como la unión entre los sistemas informáticos y las telecomunicaciones), *media art*, arte interactivo (como aquel sistema que utiliza interfaces técnicas para tender relaciones entre la obra y el espectador) para distinguirlo del arte participativo que no se vale de medios tecnológicos. Claudia Giannetti (2002) propone el término *Endoestética* para designar una concepción inherente a los contextos y a las experiencias de creación, presentación y recepción de las obras que tienen su fundamento en la interactividad. Si la interactividad se comprende en términos de interrelación activa entre el interactor y el sistema (la obra), entonces las dos obras de Costantino: *Eva. La fuerza* y *Eva. Los sueños* no podrían considerarse como exponentes de la Endoestética pues no presentan como fundamento tal interrelación. Sin embargo, se constituyen desde la producción de imágenes técnicas, audiovisuales y desde el movimiento autónomo.

Eva. La fuerza remite a una antigua tradición de autómatas en todas sus versiones: robot, androide humaniforme, máquina con conciencia y *cyborg* (Sarti, 16). La idea de cuerpo como máquina viviente adquiere mayor perfección cuanto mejor sea su nivel de automatismo. Y es eso lo que ejerce fascinación, ese borramiento entre la máquina y el hombre, cuando el objeto se mueve "como si" fuera humano. Declara Jean Baudrillard: "El automatismo no es sino la personalización soñada al nivel del objeto" (Baudrillard, 126), deriva de esto lo angustiante que resulta la semejanza entre el hombre y el objeto. Esa imagen que plasma la reificación de lo humano es posible gracias a la técnica, a la máquina, y a la vez es el origen del temor y de la desesperación porque representa la amenaza de la eventual esclavitud del individuo transformado en un mecanismo más. Graciela Sarti señala que, durante la primera mitad del siglo XX, la figura del autómata representó una metáfora desde la que se pudo reflexionar acerca de "lo humano" focalizando en la "forma humana". Sin embargo, hacia la segunda mitad del siglo, la antropomorfización ya no está en el centro de las representaciones y en cambio, surge la idea de lo líquido, las formas indeterminadas y proteicas muy lejos de los modelos surgidos como producto de la técnica (Sarti, 19). Evita vivió en esa primera mitad del siglo XX y *Eva. La fuerza* está en sintonía con el modelo de la época y lo que evoca es la posibilidad de escapar a la finitud a través de ese movimiento incesante y torpe pero prescindente de lo orgánico. Si Eva es eterna, si su cuerpo al ser embalsamado ya escapó a la degeneración de los tejidos eso se ve plasmado en su estructura maquínica, en esa suerte de miriñaque de hierro que parece intentar buscar la salida a la celda en la que se lo ha confinado. Aspira a encontrar una salida con la terquedad incesante del que no se resigna a un encierro perpetuo. Un confinamiento que recuerda a las jaulas de una feria de fenómenos (*freaks*) en las que se exhiben humanoides y monstruos de la naturaleza para regocijo (y espanto) de los asistentes.

III.1.3. *Eva. Los sueños*: un espectro

Cuando Costantino se dispone a tratar con la líder decide no representar su cuerpo sino presentar el vacío de cuerpo y cuando se dispone a darle una imagen, ofrece la del propio cuerpo y así lo presenta en *Eva. Los sueños*. La ausencia y el silencio son relativas al lugar de la mujer en la política patriarcal, [40] como no hay voz propia lo que se manifiesta en la obra es la fortaleza de Eva y a la vez su sometimiento y debilidad. Cinco Evas se ubican en el gran sillón monárquico, la desfalleciente reclinada, la ejecutiva, la jovial y floreada preocupada por el esmalte de sus uñas y la íntima, en salto de cama, concentrada en una gran revista. Como una reina, como un hada, bella, rubia, blanca, luminosa y etérea la Eva más grácil enfundada en Dior se instala en el centro del sillón, las demás no la perciben. Ninguna advierte la presencia de las otras, como si una filmación se hubiera yuxtapuesto sobre otra de modo tal que no se superpongan en el montaje. Somos privilegiados espectadores de una filigrana de "Evas-Faustine" intercaladas, múltiples, únicas y eternizadas como si el mismísimo Morel las hubiera intervenido con su máquina.

[40]En "La muerte de Chandra", Ranajit Guha desarrolla el silencio y la ausencia de la voz femenina en la sociedad patriarcal. Chandra está ausente y su ausencia correponde al silencio pues es el varón el que tiene voz en el texto.

El videoarte es un formato emblemático del campo de las artes electrónicas, pero resulta un universo en sí mismo pues hay múltiples posibilidades formales, técnicas y temáticas. Habrá que considerar la definición de la imagen, la temporalidad interna, si es digital o si es analógico. Según las dimensiones de su proyección puede superar la categoría de videoarte y alcanzar la de videoinstalación, y en el caso en que se reduzca su proyección puede presentarse en monitores (de tubo o de Led). Puede estar pensado para un espectador individual en un lugar acotado o bien en una sala pensada para múltiples espectadores. Puede haber asientos o bien puede ubicarse en pasillos o lugares de tránsito pensado para paseantes. Influirá en el tipo de videoarte si harán falta auriculares (en todo caso cuántos) o bien harán falta parlantes que podrán considerar la inmersión del espectador en el sonido o bien la dispersión del sonido. Todos estos elementos y sus combinaciones influirán en la obra y en la modalidad videoarte de la que se trate y caracterizará una modalidad de arte electrónico determinada. Zuzulich afirma que tanto el video como las obras interactivas en sus diferentes modalidades implican algún modo de espacialización y por tanto, "de interpelación al cuerpo del espectador" (Zuzulich, II). Se trata de espacialidades que inauguran una habitabilidad extra-ordinaria, construida en torno a los cuerpos que la transitan o que la inauguran y muy diferentes de los ámbitos cotidianos por los que habitualmente circulamos. La obra genera un nuevo espacio en el que se puede fundar una inédita zona de comunicación y de intercambio plasmada en la misma obra, esto será posible gracias a una interfaz que posibilitará los puntos de contacto entre el usuario y la obra. La interfaz propuesta, denominada también superficie de contacto, le permitirá al usuario la interacción con el dispositivo o bien podrá ser configurada como si se tratara de una extensión de nuestro propio cuerpo.

Eva. Los sueños se proyecta en un panel semicircular, el video termina y vuelve a comenzar una y otra vez pero quien tiene interés o paciencia para verlo completo seguramente esperará a que termine y comience nuevamente y sólo se retirará al menos cuando note que las imágenes comienzan a repetirse. La incesante proyección captura a los más detallistas que eligen quedarse hasta que el video se haya repetido más de tres veces.

El recinto está en penumbras, los visitantes deben descorrer unos cortinados negros para ingresar al salón donde se proyecta el video. Unos largos bancos sin respaldo que cubren la pared del fondo es lo primero que se ve. No todos los que ingresan eligen ir a sentarse allí, algunos prefieren el frío piso de cemento alisado, otros, más inquietos, permanecen de pie y se retiran a los pocos minutos.[41]

En el extremo izquierdo de la pantalla curva se abre una puerta de roble inglés e ingresa Eva Duarte muy joven encarnada por la artista rosarina Nicola Costantino, dos bananitas a los costados de su cabeza rubia y en la espalda el cabello suelto, un vestido de falda amplia con grandes flores rojas, se la ve juvenil y fresca. Lleva en sus manos un gran ramo de flores, al cerrar la puerta tras de sí se acerca a una mesa y busca un florero. Pero en ese trayecto se ha cruzado con otra Eva más madura, en bata y con el cabello recogido quien ha desayunado y ahora revisa unos diarios, recorta algunas hojas y las guarda bajo el brazo. En la pantalla combada se suceden distintos ambientes: un escritorio de trabajo con una biblioteca detrás, un balcón cubierto con cortinas de tapicería, un comedor, y en el centro un sillón de terciopelo rojo de tres cuerpos. Por encima de la mueblería las paredes son negras al igual que los techos. Se oye una rapsodia para clarinete y piano por sobre el incesante taconeo de los pasos de las distintas Evas.

Una versión más ejecutiva de traje sastre celeste con cuello y delicados botoncitos de terciopelo negro con el cabello prolijamente arreglado, se desplaza con movimientos resueltos de su escritorio a la sala para atender un teléfono. Una a una van ubicándose en el gran sillón rojo en el que otra réplica más débil y que no oculta una medicación se recuesta y posa su cabeza sobre uno de los posabrazos. Una Eva con su famoso vestido de Dior, de corset ajustado, falda vaporosa y rodete icónico se envuelve graciosamente en un espumoso chal blanco y con adorable coquetería sale por la puerta principal. El bullicio de las muchedumbres lentamente encubre la rapsodia. La versión más demacrada se medica y se acerca

[41] Esta descripción se ajusta a la muestra de *Rapsodia Inconclusa* en el Museo Colección de Arte Amalia Lacroze de Fortabat de Buenos Aires, entre el 5 de marzo y el 3 de mayo de 2015.

al ventanal sosteniendo su vientre, descorre el cortinado y exhibe a una multitud de "grasitas" que la conmueven hasta las lágrimas, pero los visitantes sólo vemos su espalda y la inclinación de su gesto acongojado.

Ante la aparente contradicción entre la debilidad y la fortaleza, en *Eva. Los sueños*, prolifera la abundancia que no cancelará las anteriores posiciones. Nicola Costantino encarna a cinco Evas, entonces sí Eva se representa con un cuerpo, pero no es el de ella y tampoco es un cuerpo presente. Es el cuerpo de la misma artista y en una proyección en video, es un *fake*. Una Eva oficinista, vestida con un *tailleur* y peinada con su prolijo rodete; una Eva vestida de fiesta con una copia del famoso vestido Dior que usó para ir a la gala del Teatro Colón; una Eva con bata, como si recién se levantara que toma un té; otra Eva que descansa; y otra que es más diurna, con vestido floreado y atareada con cuestiones domésticas. Todas ellas irán a sentarse en el sillón central de color rojo. La artista declara haberse inspirado en la Faustine de *La invención de Morel* de Adolfo Bioy Casares (1940), en su holograma que se proyecta una y otra vez en la isla. Faustine y Eva están muertas y eternizadas en las sombras proyectadas en la pared, ontológicamente degradadas, opinaría Platón. El protagonista de Bioy al enamorarse del holograma de Faustine decide eternizarse incorporándose a la filmación, haciendo un montaje de su propia imagen y yuxtaponiéndola a la de Faustine y sus amigos, operación similar a la que ejecuta Eva-Nicola entre las otras Evas-Nicolas, todas y una sola.

Otra Eva de la abundancia es la que se depliega en *Eva. El espejo*, es la Eva de la intimidad, en su dormitorio, frente a su cómoda, con espejos enfrentados que multiplican su imagen. La incomodidad que siente el espectador al entrar en su cuarto es también aterradora, como si fuéramos a encontrarnos con el cuerpo de Eva acostado en su cama, provoca el deseo de mirar y no mirar a la vez.

No es de buena educación visitar los dormitorios del dueño de casa, uno no sabe con qué puede encontrarse porque nos enfrentamos a la sexualidad del anfitrión, es la puesta en escena del tabú y Eva, ya sabemos, era una santa. Y, sin embargo, es la escena que delata su coquetería y su vanidad, se proyectan en el espejo las imágenes de cómo se perfuma, cómo se peina, y cómo se maquilla, pero tememos que se desnude delante de nosotros. Son Evas multiplicadas, clonadas, si bien es un tema ya transitado por Costantino en otras obras, como *Trailer* por ejemplo, aquí cobra otra significación. La Evita biográfica ha trascendido su propio cuerpo y ahora su figura ha acumulado una intensa sobrecarga ideológica, es la mujer ideal típica de las poéticas simbolistas y decadentistas y es a la vez la mujer fatal marcada con el halo del enigma indescifrable: el de "lo eterno femenino", una construcción harto masculina.

De la figura de Eva podría decirse, salvando las distancias, lo que se ha dicho sobre *La Gioconda* de Leonardo Da Vinci, que ha terminado siendo tal como afirma José Jiménez: "...una especie de espejo simbólico en el que mirarse y ver reflejados los deseos y ansiedades en un determinado momento de nuestra cultura",[42] es decir, un dispositivo mítico abierto.

III.1.4. Eva y la omisión de lo orgánico

Una imagen técnica se distingue de una imagen tradicional pues no se trata de que se ha variado una característica más, un detalle o un accesorio, el lenguaje es el que ha cambiado y por tanto la obra pone en escena un acontecimiento totalmente diferente. Que la imagen técnica esté generada por aparatos no es algo menor pues no debe perderse de vista que se trata de una imagen ahora generada desde un dispositivo envolvente y panorámico o bien de una escultura movida por un motor. Entonces, ¿por qué evocar el cuerpo de Eva Perón como máquina?; ¿qué aporta y qué denota que esa especie de miriñaque-autómata se desplace en una superficie cercada, choque contra los zócalos y vuelva a deslizarse como si

[42] Jiménez en *Teoría del arte* (2002:19), sostiene que *Retrato de dama* o *La Gioconda* de Leonardo Da Vinci (1503/6) es la obra más reproducida y por lo tanto la más conocida de todo el patrimonio artístico de Occidente. El autor realiza un análisis de la trayectoria y los avatares que sufrió el cuadro, su robo en 1911, su restitución, su uso en medios publicitarios, en postales, las imágenes de la Gioconda en faldas cortas, promocionando los avances en las telecomunicaciones, las versiones que de ella han hecho Duchamp, Malevich, Warhol, el análisis de Freud que alude a su carácter andrógino y a la posible homosexualidad de Leonardo y el misterio de cómo la tuvo guardada durante tres años debajo de su cama un mecánico italiano que la había robado del Museo del Louvre para restituirla a su país (Jiménez,2002:17 a 35).

tratara de encontrar la salida a esa jaula impuesta? La escultura-autómata se comporta como un animal enjaulado que intenta salir de su encierro y lo único que logra es un incansable e incesantemente chocar contra sus fronteras. ¿Qué denota que sea un artefacto electrónico?; ¿qué le agrega a la obra ese deslizamiento? ¿Qué diferencia hubiera habido si en lugar de ponerle ese pequeño motor y diseñar ese movimiento aleatorio, la estructura hubiera sido expuesta fija, como una escultura de hierro sin más? La inmovilidad de ese armazón metálico hubiera resaltado la escultura misma y su referencia histórica, quizá hubiera evocado el cuerpo momificado de Eva, por lo erguida, por lo sólida, eterna e inalterable, propiedades del material de la escultura que comparte con las del cuerpo embalsamado: tanto la escultura como la momia están a salvo del devenir y de la corruptibilidad. Sin embargo, el motor se manifiesta en ese deslizamiento, allí la obra desoculta otro aspecto pues evoca la ansiedad por seguir en movimiento de una Eva que no se resignaba a morir, su irrefrenable e incansable actividad se consolida en ese traje metálico. El dispositivo que le permite la autonomía evoca a una muerta que anhela su metamorfosis en autómata para continuar su lucha, al tiempo que revela su disconformidad por los desastres que han hecho con su legado. Una Eva evocada en esta suerte de andante artefacto marca que su figura se encuentra aún viva, no acaba de morir, no sólo porque su cuerpo no se consume, instalado en el "como si" estuviera dormida, sino porque sus representaciones artísticas, literarias y teatrales no cesan. ¿Quién la enjauló? ¿Y quién la inmortalizó en esa proyección que torna simultánea la sucesión histórica de una vida? ¿Por qué habría que ponerle límites? ¿Y por qué sus diversos roles históricos deben compartir un sillón y ordenadamente respetar el lugar de una y de otra, en lugar de sentarse todas juntas en el mismo asiento, por qué no se superponen la Eva doméstica con la Eva de gala y se pelean por el mismo almohadón?

Motivada por *La invención de Morel* -una referencia literaria a un autor indiscutidamente antiperonista-, Costantino recrea con tópico evitista, lo que en la novela es el museo de Morel.En ese museo se proyectan las imágenes de los que alguna vez fueron moradores de la isla. Las imágenes han sido grabadas por las máquinas que se encuentran en el sótano y que ahora se proyectan en una eternidad rotativa a merced de las mareas. Morel reúne a sus amigos para confesarles que todo lo que han vivido en el museo a lo largo de la última semana ha quedado grabado por tiempo indefinido, que vivirán en una fotografía "para siempre", "viviremos para la eternidad", les promete:

> Aquí estaremos eternamente -aunque mañana nos vayamos- repitiendo consecutivamente los momentos de la semana y sin poder salir nunca de la conciencia que tuvimos en cada uno de ellos, porque así nos tomaron los aparatos, esto nos permitirá sentirnos en una vida siempre nueva(...) (Bioy Casares, 115).

El protagonista enamorado de Faustine, una suerte de holograma de mujer, anhela grabar su propia imagen pagando el precio de la pérdida de su existencia para así vivir eternamente en el museo, en este hogar de copias, de imágenes que ofrecen la perpetuidad que el original, la existencia misma, no contempla. *Eva. Los sueños* recrea ese anhelo y logra así que convivan todas las facetas de Eva, todas sus edades y todos sus estados en un video que desde luego será proyectado también en algún espacio museal. La experiencia que la literatura no puede ofrecer, no es sólo la visual sino la sonora y es ésa la posibilidad que la videoinstalación de Costantino ofrece. La pantalla curva abriga al visitante al tiempo que lo integra acústicamente a la experiencia de acercarnos una Eva íntima. El sonido, también considerado espacio genera "un ámbito envolvente" en el que el propio cuerpo ya no puede ignorar, en términos de Chion: el fenómeno acusmático (Zuzullich, III). Es imposible desdeñarlo pues el oído no tiene párpados y porque no precisa escuchar por partes, como sí requiere la vista: una percepción en escorzos y por tanto parcializada; el oído, en cambio, puede ser envuelto por la sensación acústica.

Una "Eva autómata" y varias "Evas espectro" se instalan en el ámbito museal, cercadas y contenidas, quizá porque esa desmesura derrama una ideología que es conveniente mantener controlada y nosotros, los espectadores a salvo de semejante exceso de prácticas. O bien, porque un anhelo insospechado intenta volverla a la vida y el arte la puede imaginar en movimiento. Eso es lo que el aporte tecnológico manifiesta, sin ese movimiento, imposible sería pensarla en términos de una vida después de la vida. La tradición de autómatas habilita a que se conciba como factible un retorno. Se trataría de un regreso en un cuerpo de hierro, sólido y frío pero invencible y perdurable como si fuera una armadura medieval que vencerá el paso del tiempo. Sería ésa una posibilidad de recuperarla para la vida política nacional, ahora, con su motor, ya nadie podrá moverla, ahora podrá moverse por sí misma, ya no habrá ningún Perón o ministro o secretario que la desplace o la sermonee, ahora con su autonomía robótica parece habilitada a moverse por sí misma. Sin embargo, una vez más, la rodea un cerco y está atrapada en un dispositivo, aún viéndose clonada en varios espectros, su libertad está cercada por una sala de proyección. Su otra versión, es una autómata sin cabeza, con un cuerpo transformado en vestimenta metálica que busca insistentemente una salida. La tecnología le ha posibilitado una nueva manifestación, Eva parece seguir buscando una fuga de la finitud.

La historia de Eva Duarte, aunque pueda considerarse plausible aún presenta lagunas de información, exclusiones, omisiones y deformaciones históricas a pesar de constituirse como una narrativa de voces múltiples. [43] Si Eva fue o no subalterna de su marido resulta bien polémico pero el poder de su nombre parece haber crecido post-mortem. Perón hace la historia cuando la embalsama y también cuando pierde la custodia de su cuerpo, ella en vida tan protegida queda una vez momificada sin resguardo, al arbitrio de enemigos poderosos y sus peripecias como catafalco mutan en martirologio.

Rapsodia Inconclusa pone en escena a partir de la ausencia de su cuerpo y simultáneamente la multiplicidad de Evas evocadas la indeterminación femenina. La mujer que se vivencia como "materialización de una negación" (Bürguer, 335), como "nada". El varón se autoposiciona como sujeto del saber, la mujer que no es un sujeto completo, se presenta desde

[43] Es un término de Peter Novick, quien considera que la objetividad es inalcanzable en la historia y que a lo único que puede aspirar el historiador es a la plausibilidad y esto no significa invención arbitraria de un relato histórico, sino que entraña estrategias racionales para determinarse (Cf. Chakrabarty,1998).

la negatividad de la experiencia de la mera existencia, ésa es la experiencia de la multiplicación de Evas en los espejos: un camino directo a la disolución. A partir de la Edad Moderna y en especial con R. Descartes en el siglo XVII, el yo se constituye como sujeto del saber, con Pascal como sujeto de la experiencia, operaciones que culminan en la determinación del yo como fundante y como fundamento ontológico y gnoseológico. La mujer queda fuera de esa determinación, no se constituye como sujeto del saber, queda por fuera de la vida. Es esa desaparición la gran experiencia de las mujeres desde el comienzo de la Modernidad, por tanto quedan exentas de la racionalidad que domina el campo de la subjetividad. Como consecuencia, por quedar excluídas del discurso racional, sólo les resta la santidad, la desaparición o la mudez.

Embalsamar a Eva es la perfecta estrategia para convertirla en santa porque se concreta la anulación de ella como sujeto del saber y la instala en el campo de lo invisible y lo sobrenatural, Chakrabarty diría que ha quedado por fuera de lo Moderno, del lado de lo Medieval, instalada en una suerte de anacronismo contemporáneo. Momificar a Eva fue el acto que la constituyó definitivamente en no-sujeto, sólo así se le pueden aplicar dotes sobrenaturales a gusto y discreción de los sujetos de saber, colabora claro está que sea una *cosa* femenina.

El procedimiento de *Rapsodia Inconclusa* no escapa a tal operación, hace desaparecer el cuerpo, el objeto sobre el cual manipularon los sujetos del saber sus estrategias de poder, pero, sin embargo, al no haber cuerpo repite la estrategia de la santificación. La negación a representar el cuerpo de Eva, por razones éticas o por preservar cierto respeto a su figura, puede leerse como iconoclasia. La negación, la ausencia y hasta destrucción de imágenes sagradas también es una conducta religiosa, como su contrario, la idolatría. Si Eva se embalsamó para su eterna memoria y veneración así también podría verse la muestra de Costantino, una misma intención, pero en una relación de sujeto-objeto diferente. Desaparecido el objeto-ícono de idolatría, ahora queda la evocación del sujeto ausente en el mejor de los casos, en el caso de que Eva hubiera alcanzado el estatuto de sujeto. En caso contrario, queda la evocación del no-sujeto devenido objeto venerado, ahora en su multiplicación de espejos y espejismos, desparecido.

III.2. Vestidos en ataúdes de cristal. Graciela Henriquez: las cajas objeto de la "Serie Evita"

Siempre me gustaron los pequeños cofres, los secrétaires, con o sin doble fondo, todo aquello que pueda cerrarse con llave, es decir, que sirva para esconder algo, para almacenar la insondable reserva de la ensoñación."
María Negroni

La artista argentina Graciela Henriquez produce cajas objeto que ordena con diferentes criterios, entre ellas están las *Cajas Eróticas*, las *Cajas Mimosas* y las *Cajas Agitadas* pero solo un grupo lleva el privilegio de nombrarse "Serie". Se trata de treinta cajas objeto a las que identifica como la *Serie Evita* y que produjo entre 2012 y 2014. En 2017 se realizó en la biblioteca de la sede Puán de la Facultad de Filosofía y Letras de la Universidad de Buenos Aires, una exposición de esta serie. Al ingresar a la sala y luego de dar un recorrido no era posible apreciar la obra, lo único que se advertía era una gran caja de acrílico transparente a la izquierda del mostrador de atención al público que protegía a un camión peronista. Si se tenía voluntad de continuar la búsqueda a pesar de la desinformación de los bibliotecarios, se podía llegar hasta la sala silenciosa donde detrás de las bibliotecas vidriadas, y con dificultad pues el reflejo era doble sumado al acrílico de las cajas objeto, se vislumbraba la obra de Graciela Henriquez.

La *Serie Evita* está conformada por treinta cajas objeto de acrílico transparente que contienen piezas en pana, seda, tul, plumas, encaje, brocato, piedras, plástico y fotos. Las cajas miden no más de 70 cm por 70 cm, las más pequeñas son de 10 cm y la mayoría oscila entre los 45 cm y los 60 cm de lado. A simple vista parecen cajas de homenaje o de culto peronista con una impronta *kitsch*, en el límite con lo *camp*, en las que todo indica que su sentido se ha resuelto y cerrado. Sin embargo, las cajas que contienen una serie de lujosos trajes en miniatura, replicando los que podría haber lucido Evita, revelan la ausencia de un cuerpo. La falta de la representación de una corporalidad es lo que se manifiesta de modo inmediato y eso es lo que resulta inquietante tratándose de Eva Perón. Los avatares, desventuras y ultrajes que padeció su cuerpo momificado ya forman parte de la memoria colectiva argentina. Considerando que su cuerpo transformado en una hermosa muñeca está hoy sepultado a ocho metros de profundidad en el cementerio de La Recoleta de Buenos Aires, que Henriquez la evoque sin cuerpo, que se lo sustraiga de toda representación, desarma lo que la historia se propuso congelar.

III.2.1. Las cajas objeto

Las cajas objeto en el arte cuentan con una tradición vanguardista muy interesante por la propuesta de fusión de géneros en la que surgieron. Marcel Duchamp presentó en 1935 la *Boîte-en-valise (la caja en la maleta)*, una especie de catálogo desplegable que contiene reproducciones de obras de arte presentada de modo aparentemente desordenado y que dedicó a Gala y a Salvador Dalí. Entre los contenidos se destaca la famosa *Mona Lisa* con bigote del mismo artista.

Esta valija dadaísta contiene cuadros y esculturas en miniatura y condensa toda la obra de Duchamp, sus *ready-mades*, su técnica *mariée*, sus objetos sacados de contexto y vacíos, pero estetizados por el gesto y sus trabajos humorísticos. La maleta también incluye un pequeño urinario; una ampolla de vidrio con aire de París; reproducciones de sus pinturas (por ej.: *Desnudo descendiendo una escalera*); y, una funda de máquina de escribir. Duchamp le habría solicitado ayuda a Joseph Cornell para ensamblarla y habría sido pensada como el "accesorio ideal de un artista en estado de exilio" (Negroni, 80), esto dio lugar a las miniaturas, a las réplicas y al formato de catálogo de la maleta. Cajas vacías que en lugar de ostentar una proliferación de objetos variados tienden a ser ellas mismas las protagonistas son las del norteamericano Robert Rauschemberg que en 1955 presenta: *MusicBox*, ocho años más tarde, en sintonía con la labor de su compañero John Cage, en 1963, produce *Art Box*. Rauschemberg estaba precisamente transitando el pasaje del apogeo del expresionismo abstracto norteamericano hacia el Pop-art.

Untitled (Scatole Personali) son una serie de cajas de madera realizadas por el artista unos años antes. Estas cajas sí contienen piezas personales aparentemente insignificantes a diferencia de las antes mencionadas: collares, suciedad, piedras, ramitas, huesos, cabellos, fotos, plumas, sogas, espejos, vidrios, todos elementos reunidos a lo largo del viaje que hizo el artista por Italia y por el norte de África.

Si bien puede considerarse una suerte de collage, el hecho de reunirlo dentro de una caja revela el gesto irónico de conservación y protección de materiales banales y en absoluto valiosos. Pero siguiendo la línea Dadá resultan invaluables por el gesto mismo de descontextualización y recontextualización, con lo cual objetos nimios y olvidables cobran prestigio de autor. Las cajas como "pequeños santuarios" -escribe María Negroni al referirse a las cajas de Joseph Cornell (2013)- encierran diminutos museos personales que como en un juego, irónico, de cajas chinas, resultan hoy dispuestos en el MoMA de Nueva York como piezas dignas de exposición.

Las miles de maravillosas cajas de Joseph Cornell (porque fascinan y sorprenden), fueron encontradas después de su muerte todas catalogadas en detalle y meticulosamente en el sótano de su casa. Considerado por Salvador Dalí como el único surrealista norteamericano auténtico, Cornell reúne en sus cajas objetos e imágenes de lo más diversos. Algunas responden a temáticas biológicas y naturales; otras, a los viajes y a la cartografía; otras, a la cinematografía; y algunas, son erráticas, marcadamente surrealistas. Se trata de piezas que ha encontrado y simplemente le han gustado y eso ha sido suficiente para que las yuxtaponga, tal es el caso de *Untitled (Soap bubble set)*. La obra reúne la cabeza de una muñeca, una pipa para hacer burbujas, el huevo de un pájaro, una copa, un mapa antiguo de la luna y referencias a la torre de Pisa.

El uso de cajas en el arte revela una pasión coleccionista en la que subyace un gusto especial por la acumulación y la conservación. Las cajas, al igual que en toda colección, se organizan según series, temas, tópicos que sólo el coleccionista conoce y propone en función de su deseo irrefrenable. La caja lo que permite es ponerle cierto contorno al desborde de piezas, le otorga confines y lo obliga a poner orden al proponer la etiqueta que lo enmarque. Ese rótulo encierra la pasión en un tema y calma el desenfreno hasta que nuevamente aparece la pieza deseada y faltante que impulsa la nueva búsqueda. Una colección viva es la que está abierta y no concluida, es aquella que está a la caza o a la espera de la pieza anhelada que será clave para cerrar la serie. La afición por la acumulación desaparece cuando la colección se encuentra finalmente terminada, y así sobreviene la falta de interés en ella y el inicio de una nueva secuencia le sucederá.

La afición de Cornell por los loros se registra en dieciocho de sus cajas objeto, le atraen el plumaje tropical, lo exótico de su morfología además de un recuerdo imborrable de infancia del loro de su vecina alemana. Untitled (Fortune-telling Parrot for Carmen Miranda) es una caja-objeto con formato semejante a un hurdy-gurdy que a su vez tiene incorporada en el margen inferior derecho otra caja, pero esta última es musical. Contiene un loro y a su lado, un cilindro con imágenes que evocan las prácticas de una adivina o gitana con naipes y de una constelación con referencias a la astrología y a la videncia. El loro completa la serie semántica pues también resulta un típico asistente de adivinas y brujos.

Marie Taglioni era la bailarina de ballet del siglo XIX predilecta de Cornell, *Taglioni's jewel casket* es una caja que no tiene protección vidriada superior, se asemeja a un auténtico alhajero por el terciopelo que reviste el interior y porque parece invitar al espectador a tocar el contenido. Las bailarinas y el siglo XIX son tópicos visitados por Cornell, y esta pieza forma parte de esa serie. Una leyenda refería que Taglioni conservaba en su alhajero la imitación de un cubo de hielo como recuerdo de su danza en el hielo a pedido de un bandolero ruso, los cubos asociados al collar la evocan. Esa leyenda está inscripta en la cara interior de la tapa. Cajas de música, cajas alhajero y cajas-museo habitan junto con los extraordinarios y extraños films el universo Cornell que algunos críticos consideran el precursor del arte Pop.

En *Ice Box* de Andy Warhol resuena la obra de Cornell, aunque ahora se trata de una caja-heladera dibujada como si fuera una historieta (*cartoon-like*). Si bien es un trabajo temprano de Warhol, lo cotidiano ya se presenta transfigurado, lo Pop ya se prefigura. Lo que en Warhol se ha perdido es la propuesta de caja como museo personal, aquellos detalles o miniaturas tan íntimas quizá también banales e inextricablemente reunidas que permitían arriesgar una lectura -al menos disparatada- de semejante montaje. Lo obvio, lo común -*ordinary*- ahora ha sido jerarquizado tal es el caso de la famosísima *Brillo Box*, una caja que no admite curiosear su contenido porque se sospecha que nada hay allí, que es justamente eso lo que la distingue de aquella que honra y que puede encontrarse en alguna góndola de supermercado. Una es una caja abierta sin nada demasiado interesante en su interior y ése es su punto fuerte y la otra está sellada.

Repository de George Brecht es de la misma época, pero su caja se encuentra más en la línea de Cornell, aunque carece de aquello inciertamente macabro que tienen sus santuarios. Brecht presenta una escultura con formato de gabinete que guarda en su interior un reloj de bolsilllo; un termómetro; pelotas de goma y de baseball; un rompecabezas de madera; cepillos de dientes; llaves de distintos tamaños; un espejo de bolsillo entre otros objetos a disposición del espectador para manipularlos, retirarlos y agregar nuevos o cosas propias según sus gusto y voluntad. Brecht fue un miembro clave del movimiento *Fluxus* y cada obra presentada la transformaba en un evento.

Ahora que la obra se ha institucionalizado ya no está abierta a cambios ni el espectador puede interactuar con ella, lo más interesante que la obra proponía se ha suspendido al musealizarla. *Fluxus* fue un movimiento artístico neo-dadá que tuvo su apogeo entre 1960 y 1970 que se desarrolló principalmente en Europa, Estados Unidos y Japón. Su referente principal fue John Cage quien proponía la interdisciplinariedad de las expresiones artísticas y estimulaba la apropiación de los medios y los materiales que procedían de otros campos. *Fluxus* reunió artistas que trabajaban con sonidos, poesía, teatro, cine y artes visuales pues rechazaba la idea de un objeto artístico tradicional como mercancía. El movimiento se oponía al gesto de Duchamp de introducir lo cotidiano en el arte tal como lo hacía con sus *ready-made* y en cambio, proponíala disolución del arte en lo cotidiano. Por esta razón, *Fluxus* se declara en contra del arte conceptual por su referencia directa a la realidad cotidiana. El *Fluxkit* es una caja- arte producida por el artista y galerista lituano George Maciunas fundador de *Fluxus*. La obra encapsula una colección de piezas de varios artistas cercanos a Maciunas, algunos de ellos habían participado en eventos y en festivales organizados por el grupo desde 1962.

La obra de Joseph Beuys, uno de sus representantes más significativos, aunque él no se consideraba un artista *Fluxus*, registra varias cajas, algunas en forma de vitrina y otras como cajas valija. Los objetos que contienen se disponen con un aparente desorden muy estudiado y son de lo más disímiles. Lo que resaltan son los materiales predilectos de Beuys, como la grasa, el fieltro y el cobre que constituyen su universo, sin embargo, la presentación en cajas admite circunscribirlo, lo cierra al tiempo que lo expone. Fija sus paredes, pero toma la forma de vitrina con lo que admite a un espectador, o bien decide dejar la caja sin tapa y sin contenido, ya no interesa lo que encierra, sino que es la caja de cartón y fieltro lo que importa aunque sea tonta *-dumb-* y su contenido sea nulo.

III.2.2. Las cajas-objeto de la Serie Evita: relicarios o souvenirs

En la *Serie Evita* de Henriquez hay dos grupos de obras: uno que se identifica como *Vistiendo a Eva;* el otro, conforma lo que podría asociarse a una colección de relicarios o bien a un conjunto de *souvenirs.*

¿Por qué encerrar a Eva Perón en una pequeña caja acrílica? Una voluntad de cercar la memoria, taparla, encerrarla para resguardar su recuerdo y así protegerla podría ser una respuesta. Pero también cabría pensar que así encerrada se corre el riesgo de fosilizar su memoria e impedir las revisitas, la crítica y la reflexión sobre su figura. Podría suponerse que se intenta inmortalizar su imagen, pero abriendo una ventana, no tapando la visión, de allí que sea transparente, se puede ver pero no puede tocarse. Imposible no comparar este gesto con el ataúd vidriado que protegía su cuerpo embalsamado, quienes la lloraron el día de su funeral besaban un vidrio que impedía el contacto directo con un cuerpo ya momificado. Proteger la memoria encerrándola en pequeñas cajas evoca los peligros de la musealización como sinónimo de congelamiento lo que en general acarrea una conducta peligrosamente tradicionalista. Ya lo sugirió Adorno que entre museo y mausoleo no sólo hay una asociación fonética. Las cajas de la *Serie Evita* de Henriquez pueden vincularse a pequeños mausoleos, o a una colección de relicarios de dimensiones más generosas. Del latín *reli-*

quiae, los relicarios eran cajas o estuches para guardar recuerdos de santos para exponerlos a la veneración de los fieles, eso es precisamente una reliquia: una parte del cuerpo o de una persona venerado por algún motivo, también puede tratarse de un objeto que por haber sido tocado por esa persona resulte digno de veneración. Por tanto, la elección de presentar las cajas habilita a que se piense en términos de culto, lo que supone una recepción del objeto de índole sagrada. Este gesto de la artista nos deja en las puertas de la imagen ya cristalizada de una Eva Santa, esto no resulta en absoluto novedoso ni tampoco desoculta posibilidades que nos permitan abordar la representación de Eva como si nunca la hubiéramos visto antes, muy por el contrario. La *Serie Evita* brinda un abanico de resonancias muy diversas y disímiles, puede evocar desde el ataúd de cristal en el que dormía *Blancanieves* venerado por animalitos del bosque y enanos pasando por las reliquias de San Juan Bosco, el ataúd de cristal de Eva Perón en sus funerales o los numerosos retablos: el de Holbein, el flamenco *Besloten Hofje* de Brabante, el *Tabernacolo dei Linaioli* de Fra Angelico hasta *El Jardín de las delicias* del Bosco o bien la vitrina que protege la colección de mariposas de Vladimir Nabokov. Lo que recuerda en todos los casos que lo que se venera, no se reflexiona.

Entre las metáforas de la memoria más recurrentes se encuentran las que refieren a cierto *locus*, hay una sólida asociación entre los lugares y la memoria. En el Medioevo surge la idea de depósito para referirla (Zylberman, 2013) o bien como *cella*: la cámara interior de un templo, el arca o la caja. Esta asociación entre caja y memoria permite reflexionar sobre la intención de conservación que ostenta la obra de Henriquez, desde su materialidad por el encierro que exhibe y que impide todo tipo de manipulación de los contenidos. Sólo admite la contemplación mediada por la superficie transparente lo que induce a proponer una recepción de tipo tradicional o al menos pasiva desde el tacto. Esta propuesta material también revela la voluntad deliberada de conservación y quien conserva, inevitablemente, organiza. La idea de memoria como un "gran almacén" es muy antigua y remite a la *ars memorativa,*[44] Bacon la compara con un "rico guardarropa" lo que estaría en sintonía con lo que la obra de Henriquez propone resguardando pequeños vestidos, fotografías y diminutas figuras en acotadas cajas. Para las artes de la memoria, conservar es organizar pues la conservación exige clasificar y ordenar el material. No se trata de acciones sucesivas, no hay forma de que primero se ordene y luego se recuerde, una es inseparable de la otra. Sin embargo, la *Serie Evita* no conserva materiales de valor histórico o auténtico perteneciente a Evita, sino que lo evoca y construye en cada caja un pequeño universo de recuerdos al tiempo que la homenajea.

¿Dónde reside el desbalance? ¿Por qué a pesar de estar limitado por el recipiente caja se percibe que algo no está controlado? ¿Qué es lo que duele a pesar de la aparente complacencia? Posiblemente sea el exceso, lo que hiere, el desborde de amor a Eva, la variedad de texturas es lo que punza, de adornos, hace daño la sobreabundancia de artificio y amaneramiento. Y justamente allí, en esa opulencia, se revela lo maravilloso de la obra, la serie parodia el formato *souvenir* -de por sí de mal gusto por su insistencia en lo ya sabido y conocido- para convertirse en una autoparodia. Cabría preguntarse si es un gesto deliberado o si es involuntario, si la serie resulta de una maniobra ingenua o *ex profeso* pero eso no interesa porque el producto pone en operación el derroche y lo luce sin remordimientos. Resulta notable cómo la inocencia transita la obra, esas pequeñas mariposas, las rositas rococó celestes y blancas, la dominancia del color dorado; los menudos querubines de una vulgaridad exagerada, y justamente allí reside lo extravagante de la serie. La obra alcanza su triunfo en el momento en que no podemos, como espectadores, tomarla en serio porque es demasiado.

La operación de la *Serie Evita* no evoca las estrategias de las cajas objeto *Fluxus* o *Dadá* porque en su interior no conviven elementos heterogéneos en yuxtaposición, en las cajas de Henriquez los materiales liberan un sentido manifiesto y mantienen relaciones de significatividad con

[44]Así se denomina a la mnemotecnia, se trata de un conjunto de técnicas de memorización y rememorización basada en la asociación mental de la información a memorizar con datos que ya sean parte de la memoria o de la práctica cotidiana

el resto de las piezas. Registramos la icónica fotografía del abrazo de Eva refugiándose en el hombro de Perón el 17 de octubre de 1951 en el día de su renunciamiento; reconocemos los colores de nuestra bandera; identificamos la tradición femenina de las rositas rococó y sonreímos al evocar a la otra Señora (discorde) que las hizo famosas en color rosado. Pero, toda esa información reunida en una pequeña caja acrílica y en el centro un corazón, eso es lo que resulta desmedido. Allí cuando se derrama lo que ya estaba colmado se dispara la línea de fuga que transforma a la obra. Ya no hay armonía ni equilibrio, su contenido significativo ha quedado aplazado por el recurso estratégico y por los materiales.

De por sí, el *souvenir* se caracteriza por ser banal y sentimental pero el tópico "Evita" no se presenta en las antípodas, sólo en tiempos más recientes y con la inauguración en 2002 del *Museo Evita* de la calle Lafinur de Buenos Aires, la presentación de sus recuerdos se ha vuelto más sutil debido a la afluencia y el interés del turismo mundial por su figura. Pero la *Serie Evita* no es *kitsch* como sí lo sería un *souvenir* evitista histórico, sino *camp* por su relación sentimental con el pasado y porque se apoya en la inocencia del *kitsch* y al mismo tiempo la corrompe (Sontag, 364). *Kitsch* fue la estética peronista surgida hacia 1940 en pleno crecimiento de los medios de comunicación y con el acceso de las masas a objetos industriales de consumo. El peronismo hizo un uso de las imágenes y de su poder encantador al tiempo que reivindicaba la felicidad en tiempos de ascetismo en contrapartida con la afirmación resuelta de defender un gusto descalificado por la intelectualidad culta nacional. El encantamiento que produjo la retórica peronista fue interpretado por la alta cultura como una estrategia de la farsa y de la mentira demagógica con el objeto de someter al pueblo (Abadi y Lucero, 263).

Leonardo Favio, Daniel Santoro, Nicola Costantino y Marcos López, conforman un universo artístico en diálogo con las políticas culturales del primer peronismo. Henriquez, por un lado, recupera ese *kitsch* ligado a la falsa imitación, a lo producido en serie, a lo desauratizado, a la farsa, al plagio y al mal gusto y lo transforma con gesto amoroso en *camp*; y, por el otro, incorpora el recurso vanguardista de la caja-objeto que el peronismo jamás habría aceptado. Tanto la *Revista Sur*, con la figura de Jorge

Luis Borges, como los representantes de la vanguardia argentina de la revista *Ver y Estimar*, con Romero Brest como su fundador en 1948, habían sido severos críticos del gobierno peronista.

III.2.3. La Serie Evita: urnas sin cuerpo

Los vestidos de Evita son un elemento central en la obra de teatro *Eva Perón* de Copi, estrenada en 1970. La obra de Copi ha sido considerada parte de la leyenda negra del evitismo por la crueldad, el ensañamiento y la impiedad con la que construye su personaje (Sarlo, 17). La Evita de Copi insiste en que la embalsame el mejor taxidermista y que le aseguren que la pondrán en el anfiteatro grande de la CGT y no en un mausoleo y agrega:

> EVITA: Y con mis vestidos alrededor. Y todo lo que hay en las valijas lo quiero puesto en 52 vitrinas, rodeándome también. ¡Y todas mis joyas! Y cada año para mi cumpleaños van a agregar otras. Ya elegí los brillantes en Cartier; incluso creo que ya están pagados. ¡Me muero, carajo! Llamá a la enfermera. Me siento mal. (Copi, 51)

Las alhajas y los vestidos lujosos de Eva son centrales en la construcción antiperonista de una Eva codiciosa y miserable, muy lejos de su construcción como figura revolucionaria y abanderada de los humildes. Esto vuelve más interesante la propuesta de Henriquez porque inicialmente no se presenta como una obra crítica ni polémica, todo lo contrario, se impone como un homenaje constante a la figura de Eva. Pero en la *Serie Vistiendo a Eva* resalta principalmente un vestuario ostentoso y variado propio de una princesa en una talla para muñeca. Cuando la Eva de Copi pregunta en las primeras líneas de la obra "Mierda. ¿Dónde está mi vestido presidencial?", la madre le responde que todos sus vestidos son presidenciales. Eva enloquecida revuelve los baúles e insiste en que se ha levantado muy temprano para probarse todos sus vestidos, pero el "vestido presidencial" tan buscado está en el piso, arrugado y maltratado. El vestido tan mentado en la obra de Copi (Véase Cap.II.3) es el que será emblemático en la ópera rock de Tim Ryce y Andrew Lloyd Webber, un *strapless* de falda vaporosa en tul blanco con *corsage* bordado de strass y será protagonista en *Eva. Los sueños* de Nicola Costantino (Véase Cap.III.1). Los vestidos y todo lo referente a su coquetería como alhajas, sombreros, manicuría y peinados fueron un aspecto muy cuidado en la construcción de su figura y fundamentales a la hora de su muerte.

Sin embargo, el lujo, durante el peronismo y en especial para la FEP –Fundación Eva Perón-, también resultaba una reivindicación para los pobres. Esta reivindicación tiene el sentido de reparación y debe entenderse como justicia porque es aquello a lo que se cree tener derecho. Lo bonito, la sonrisa y la alegría cobran valor político pues la idea es que considera y dignifica a quien lo acoge; en cambio, lo feo deshonra y deja marca a quien lo recibe como si fuera merecido. La vestimenta lujosa de Eva merece alguna contextualización, la idea del primer peronismo es que la belleza en general y la de la indumentaria en especial provocarán un quiebre, una reacción social abierta al cambio en las condiciones de vida. Eva se fotografiaba en las inauguraciones, por ej. en el Hogar de tránsito en 1948, con pieles, sombreros con plumas y velo y operaba así el contraste entre la carencia y la abundancia (Ballent, 171).[45] Gradualmente fue moderando su gusto por el lujo, el cambio hacia un estilo más sobrio se produjo en el paso de la imagen que Paco Jamandreu le proponía hacia los trajes de Christian Dior, su peinado recogido en el icónico chignon y los trajes sastre. Este gasto considerado excesivo para algunos sectores le valió las críticas más crueles de sus opositores a las que ella respondía con el argumento de que "quería estar linda para sus grasitas" (Rosano, 71). Susana Rosano refiere un dato de Susana Saulquin sobre el famoso vestido que Eva encargó a Christian Dior y es que de su falda, adornada con decenas de hojas, pendían, en cada una de ellas, un brillante de un quilate. El mismo Dior llegó a reconocer a la prensa que "la única reina que había

[45]Susana Rosano apunta que cuando Eva comienza a construirse como primera dama le otorga demasiada importancia a los vestidos, joyas y peinados: "Se tiñe el pelo de rubio, y empieza a visitar las tres casas de alta costura de la época, frecuentadas hasta ese momento por las damas de la oligarquía porteña, como Henriette, Paula Naletoff y Bernarda." (Rosano,2006:70/71)

vestido era Eva Perón". Así, el vestuario de Eva y sus joyas se convierten en una "verdadera razón de Estado" (Rosano, 72). Algunos han sostenido que este gusto por el lujo durante su primera etapa se debía a un deseo compensatorio, es decir, construido desde la falta.

La Fundación Eva Perón les entregaba a las mujeres que llegaban al Hogar desde ropa interior hasta zapatos y abrigos y todo lo que traían puesto se desechaba. La indumentaria que se les daba respetaba el estilo y el diseño de los figurines de moda, los vestidos estaban confeccionados con buen gusto con el "fin de realzar todo lo posible la belleza femenina" y con un corte tal que la mujer al usarlos de ninguna manera se sintiera "disminuida o humillada". Cuando su permanencia en el Hogar llegaba a su fin se les regalaba un bolso con ropa para la familia, ajuares para los bebés y ropa de cama. La "belleza femenina" era exaltada y asociada a la figura de las "Reinas del Trabajo", Mirta Lobato señala que la relación entre los rituales, la belleza femenina y la política conformó una densa malla que le dio forma a la cultura de masas durante el primer peronismo (Lobato, 77 a 120).

En 2019, el dibujante y humorista Miguel Rep, publica *Evita: nacida para molestar* y provoca un escándalo. Recibió amenazas, pintadas y cánticos del grupo "Nueva Resistencia Peronista" para que cancele la presentación de su libro en la Feria del Libro de Buenos Aires por considerarlo obsceno e injurioso.[46] La publicación reúne más de doscientos dibujos que recorren la biografía y la actuación política de Eva en seis capítulos que respetan un devenir histórico: la primera parte lleva por título "María Eva Ibarguren Duarte"; continúa con "María Eva Duarte"; "Eva Duarte"; "Eva Perón"; "Evita"; y cierra con "Evita por siempre"; cuenta también con lo que el autor titula: un "Bonus Trá. Santa Evita explicada para niños". Las transformaciones de su nombre propio delatan los cambios políticos que ese significante condensa. Desde el cambio de apellido de Ibarguren Duarte a Duarte y luego a Perón hasta su borramiento definitivo

[46]Según el autor se trata de un "grupo católico, ultranacionalista, anti-K, que no son muchos, pero hacen bardo". "Les debe caer muy mal que yo haya dibujado Evita desde el humor, el goce del cuerpo, desde su humanidad. Todo lo que yo opino de Eva Perón: una feminista, una progresista, una revolucionaria. Pero ellos quieren dejarla en un armario".

que se cristaliza con el diminutivo de su nombre cuando alcanza el apogeo en su trayectoria política. El libro suscitó polémicas en torno a la polaridad ya tan transitada entre considerar a Evita como una santa o como una puta, asociado a este último extremo se encuentra su gusto por los trajes y las alhajas. A esta afición o debilidad Rep la inscribe en una cristalización del poder ansiado y finalmente conquistado por Eva.

La fotógrafa alemana Gisèle Freund entrevista a Evita quien le permite fotografiar el contenido de sus roperos "para que todo el mundo vea lo que tengo", los testigos aseguran que Perón estaba presente en el momento y que le advirtió: "El mundo entero va a pensar que parecés una bailarina de cabaret"(Dujovne, 401). Cierto o no, el caso es que a las ocho de la mañana del día siguiente le ordenaron a Freund que entregara todos los negativos que acreditaban: las vitrinas repletas de joyas que ocupaban toda una sala del Palacio Unzué; los cientos de zapatos, sombreros y pieles clasificados y dispuestos en varias habitaciones pequeñas y las escenas en las que Evita aparecía retratada de pie frente a las vitrinas repletas de lujo. Esos negativos hubieran sido un bien demasiado preciado para sus enemigos. Cabe recordar que la fotógrafa alemana era amiga y conocida de Victoria Ocampo y de todo un círculo antiperonista, dato que en el momento Evita, se dice, obvió deslumbrada por el interés artístico que Freund demostraba y que de hecho, era legítimo. La fotógrafa partió con los negativos al aeropuerto dejando todas sus pertenencias en Buenos Aires y las fotografías fueron luego publicadas en la revista *Life* hacia 1950.

Evita le había pedido a Sara Gatti, su manicura, que para su velatorio le cambiara el esmalte "demasiado rojo" por un brillo incoloro. Eva muere el 26 de julio de 1952, cuando Gatti llega al amanecer del día 27 para cumplir con su misión, el taxidermista, el Dr. Pedro Ara, ya había vuelto incorruptible su cadáver. En esas horas también esperaba su turno el peluquero personal, Pedro Alcaraz, quien decoloró su cabello y la peinó con su clásico rodete de trenzas. La vistieron con un sudario blanco y la cubrieron con una bandera celeste y blanca. La acostaron en un féretro con tapa de vidrio, con un rosario entre sus dedos, el que Pío XII le había obsequiado, y la expusieron en el vestíbulo de la Secretaría -una representación de esta escena aparece en el filme dirigido por Tristán Bauer: *Evita, la tumba sin paz* (1997) y en la miniserie *Santa Evita* (2022).[47]

La coquetería la mantuvo *post-mortem* no sólo por los preparativos de lo que se denominó "el espectáculo de su propia muerte" sino también por la idea de su embalsamamiento porque así conservaría su belleza y su juventud inalterada. El tópico de la vestimenta de Eva ha sido una preocupación persistente. Ocurrida la Revolución Libertadora, el 16 de septiembre de 1955, su taxidermista, teme por el destino del cadáver de Eva y se preocupa por su estética:

> el cadáver de Eva hállase sólo provisoriamente vestido. Si la bandera nacional y la del partido peronista la cubren casi por completo, sus ropas interiores son las mismas que le pusimos el día de su fallecimiento. Busto y brazos están cubiertos por una especie de peinador de tul sin terminar, cuyas descosidas mangas permanecen en su lugar prendidas con alfileres o hilvanes. (...) No me agradaba la idea de que amigos o enemigos la vieran así al quitarle las banderas. El vestido que le hicieron cuando murió, aunque rico y bien confeccionado, no parecía a tono con el futuro ambiente. *(Ara, 179)*

La propuesta de Ara fue que de inmediato, dada la situación nacional, se preparara una túnica larga y sencilla que desbordara los pies desnudos, ajustada a la cintura y a la base del cuello, que tuviera mangas plegadas ampliamente abiertas: "*Algo parecido a lo que se ve en esculturas y cuadros religiosos*", declara en su testimonio. La propuesta fue apoyada por las hermanas de Eva y luego de algunos contratiempos, así se hizo (Ara, 180). Ese largo sayal con el que la vistieron no figura en la *Serie Vistiendo a Eva* de Henriquez, ese último traje, fundamental, de santa, que intentó cubrirla y protegerla de sus enemigos, ha sido omitido.

[47]Frente a la imagen de la urna vidriada, la voz en *off* relata que los golpistas triunfantes se preguntaban si eso que estaba en el segundo piso de la CGT no sería una muñeca de cera (25':41").

III.2.4. La omisión del cuerpo

"Yo busco una muerta, un lugar en el mapa" declara el personaje del Coronel en el cuento "Esa mujer" de Rodolfo Walsh. La buscaban porque su cuerpo momificado había sido enviado de incógnito a Italia y enterrada en el Cementerio Mayor de Milán bajo el nombre de María de Magistris. Un cuerpo embalsamado y desaparecido que se encontraba a la espera de su devolución así como se esperaba la vuelta de Perón. Henriquez en su *Serie Evita,* no representa su cuerpo, eso justamente es lo que está ausente, aunque la serie se denomine *Vistiendo a Eva,* no hay cuerpo al cual vestir, son vestidos a la espera de un cuerpo ausente o un cuerpo por venir. Algo se filtra desde el mandato religioso de la resurrección de la carne: ¿el cuerpo es lo que vendrá, es lo que volverá?

¿Exponer su cuerpo momificado sería inmoral? ¿Representarlo en alguna de sus formas sería un exceso? ¿Para la sensibilidad contemporánea sería macabro? Quizá omitir las representaciones de su cuerpo sea una tarea compensatoria dado el exceso de cadáver evitista de otra época, todavía están disponibles las numerosas fotografías proporcionadas por el Dr. Ara y el Dr. Tellechea en sus diversos retoques a su cuerpo momificado y ultrajado.

La omisión del cuerpo en la obra de Henriquez está en sintonía con lo que Edgar Morin denominó "la crisis contemporánea de la muerte" aludiendo al clima de pánico y de angustia del individuo *in fine.* Algunas teorías aplican la prohibición a la que se refirió Freud al tratar el sexo para extenderlo al comportamiento del hombre contemporáneo frente a la muerte. Ya no morimos acompañados, ya no rodeamos de seres queridos las camas de los que agonizan, en general se muere en hospitales con reglamentos de visita restringida y en total soledad. Nos avisan las autoridades de los hospitales, por teléfono, que nuestro familiar ha muerto, a veces un rato después de habernos pedido que nos retiremos pues ha finalizado el horario de visita. Ese tabú se manifiesta a su vez en los velatorios, ya casi extinguidos o al menos reducidos en el tiempo, que raramente son a cajón abierto. Se ha instalado la idea de que besar a un muerto, aunque haya sido muy querido, es macabro, obsceno o asqueroso, abyecto afirma Julia Kristeva (Kristeva, 11). Cierto pudor respetuoso rodea al cuerpo muerto, la mirada se esquiva y el silencio se instala, es preciso acabar con el trámite lo antes posible y volver al vértigo de la rutina para recuperar la ilusión de estar a salvo, al menos por ahora. No son tiempos para un espectáculo de la muerte como el diseñado para Evita, la idea de su cuerpo embalsamado impresiona nuestra sensibilidad como si se tratara de un cuento de terror. Es preferible no pensar en ese cadáver inalterado y bello como el de una gran muñeca de cera -una "Pupé" la llamó la hija del Chino Astorga- que se protege en el cementerio de la Recoleta y omitirlo de las representaciones artísticas y literarias. Luis Gusmán retoma la sentencia de que el discurso oficial de un país tiende siempre a hacer abstracción del horror (Gusmán, 331) y la muerte de Eva fue estetizada, cuando la muerte es transformada en categoría estética puede alcanzar un alto grado de miserabilidad. La de Evita fue una "muerte bella", esa condición de la "bella muerte" es que "los amados por los dioses mueren jóvenes"; para los griegos antiguos, desde Aquiles, los guerreros se volvían bellos si habían caído en combate y a Eva la sorprende la muerte en plena lucha.

A esto se suma su desaparición y la resignificación de esta palabra en nuestro país, el cuerpo de Evita muerto, momificado, desapareció entre 1955 y 1971. Fue una desaparecida con confirmación de deceso, pero sin tumba conocida durante dieciséis años. La gran diferencia es que con nuestros desaparecidos del Proceso no había cuerpo ni había restos, no había nada que enterrar; con Evita había cuerpo que no eran restos, teníamos un exceso de cuerpo al que, sin embargo, no podíamos enterrar.

La obra de Henriquez omite ese cuerpo, el gesto de no nombrar, de suprimir o de silenciar a los muertos corre el riesgo de hacer concordar ideologías exactamente contrarias. El que calla, otorga y en su pasividad admite la violencia sobre los cuerpos o bien, ese vacío puede estar consolidando un silencio simbólico, pudoroso y respetuoso, una suerte de duelo infinito. Las cajas desde las que la obra la evoca, esos pequeños ataúdes, sin embargo, contienen esa omisión y logran resaltar esa ausencia: evocan ese cadáver interdicto.

IV. La mirada solemne

IV.1. Espacios de la memoria de Eva Perón: El Monumento, el Museo y los Restaurantes peronistas

IV.1.1. El Monumento a Eva Perón

El *Monumento a Eva Perón* también ha sido referido como el *Monumento al Descamisado*, el *Monumento al Trabajador*, el *Monumento al Descamisado Desconocido* y como el *Monumento de la Gratitud Popular* pero nunca fue concluido. Fue un proyecto arquitectónico que Juan Domingo Perón elaboró durante su segunda presidencia con el fin de cumplir uno de los últimos deseos expresados por Evita en 1951, el de descansar allí cuando muriera. Ella misma participó activamente en el proyecto inspirada por su visita al Palacio Nacional de los Inválidos en París que alberga los restos mortales de Napoleón. La idea original era que el monumento tendría una escultura de Eva Perón, pero como la idea era también conmemorar el 17 de octubre, la comisión organizadora prefirió reemplazarla por la escultura de un Descamisado. Según *Mundo Peronista*,[48] cuando le mostraron a Eva la maqueta, quedó muy complacida y expresó: "Esto es maravilloso porque es grande y es sencillo. Esto es lo que yo quería" (Ballent, 177).

Anahí Ballent aporta la versión de que Evita le había encargado al escultor italiano Leone Tomassi el *Monumento al Descamisado* en 1951, al ver la maqueta exclamó en diciembre de ese mismo año: "Allí espero descansar yo también cuando me muera". Tomassi, después de su deceso, se habría opuesto a reemplazar la figura del Descamisado por la de Eva que, según este relato, era, firmemente, la voluntad de la Comisión.[49] Según Ballent, resulta dudoso que Evita hubiera aprobado el proyecto como

[48] *Mundo Peronista* fue una revista argentina quincenal publicada por Editorial Haynes entre 1951 y 1955. Sus contenidos tenían el fin de difundir el peronismo en general y criticar a la oposición política de la época.

[49] Se trata de la Comisión Nacional Honoraria Pro-Monumento al Descamisado.

sepulcro propio y sugiere que ha sido una invención posterior a su muerte porque Ella no puede haber sido testigo de la maqueta pues ésta se presentó un año después de su fallecimiento (Ballent, 178).

El escultor italiano por su parte, sostenía que la figura de Eva exigía un material como el mármol y que por tanto tendría que ser de tamaño "habitual"; por el contrario, el proyecto del Descamisado, podría ser de chapa de cobre patinado y entonces sí podría realizarse de dimensiones gigantescas. El Descamisado encarnaba la figura del "hombre nuevo", figura que expresaba el mito de la regeneración de la raza y que en Alemania y en Italia se representaba desnudo, atlético y "sin tiempo", y en cambio, en E.E.U.U, en La Unión Soviética y en nuestro país se prefirió la figura del trabajador. Lo más interesante del proyecto es cómo esa escultura del Descamisado remitía de manera indirecta a Eva pues ella era la "Madre de los Descamisados", elípticamente el monumento aludía a quien les dio entidad política.

Bajo esta estatua gigantesca descansarían los restos de un descamisado, Eva quería que fuera el monumento más costoso del mundo, el más pesado y que se viera desde lejos. Semejante obra tendría 140 metros de altura, una estatua de 53 metros y dieciséis figuras de 5 metros de alto cada una. La muerte de Eva interrumpió el proyecto y la Cámara de Diputados, el 26 de junio de 1952, aprobó una ley para la construcción de un memorial que ahora se llamaría *Monumento a Eva Perón.* Ya no se presentaría la figura del Descamisado, en su lugar se erigiría la figura de Evita, el Senado pocas semanas después aprobó el proyecto y se creó una comisión para ejecutarlo. El golpe de estado de septiembre de 1955 terminó por cancelar el proyecto. Con el gobierno de Isabelita, ya en la década de los setenta se intentó edificar un mausoleo en ese mismo sitio al que denominarían: *Altar de la Patria.*

La Bases, revista dirigida por el denominado "Mago" López Rega anunciaba en tapa y en su edición del 9 de abril de 1974 que el *Altar de la Patria* sería un "monumento sin tiempo":

> Es una cita de que los que están vivos, para honrar a los muertos. Pero a la vez es una incitación de los muertos

> para los que aún viven no penetren en el mismo camino de la desunión nacional. Allí estará la historia -TODA LA HISTORIA- reunida. Y desde allí debe nacer la *Nueva Historia Argentina.* (1974, 6)

La idea era construir un templo para meditar ante la tumba de hombres y mujeres de la historia como el Gral. San Martín, Felipe Varela, El Chacho, Facundo Quiroga, Miguel de Güemes, el Gral. Urquiza, Juan Manuel de Rosas, Juan Lavalle, Manuel Dorrego, Mariano Moreno, Cornelio Saavedra, Bartolomé Mitre, Adolfo Alsina, Hipólito Irigoyen y José F. Uriburu. Incluso la de José Lonardi, la de Pedro Eugenio Aramburu y la de Eva Perón, todas las tumbas juntas. La idea de este polémico proyecto era que equivocados o no todos habían trabajado, incluso en el error, para ir "engrosando" la historia argentina:

> Cuando los argentinos enfrentemos el Panteón de la Patria -que se recortará majestuosamente en las estribaciones de los jardines de Palermo- sabremos que allí están todas las respuestas. No habrá más incógnitas. Ni pasadas. Ni presentes. Ni futuras. El país habrá corrido el velo de todos sus fantasmas. (1974, 6)

Prima en este planteo la convicción de que la "historia nueva" ha de surgir del mismísimo vientre de la vieja historia, recurriendo a la imagen de la gestación y del parto agrega: "Porque se gesta en la misma placenta, en una única madre: la Patria" (1974, 6). La Nueva Historia se parirá de la reunión contradictoria de los buenos con los malditos de la historia, de este engendro de cadáveres nobles y viles que quizá como movimiento dialéctico se sintetizará en una nueva *aufhebung* peronista que será el nuevo país. Curiosa misión la de reunir todos esos restos óseos juntos en un templo para provocar la reflexión patriota, eso sí, se concreta en ese panteón la profecía de que "Evita Vuelve", en definitiva frente a tantas urnas congregadas y catalogadas, será la única mujer, y la única que parecerá dormida y a punto de despertar.

IV.1.2. El coloso de Avellaneda

El Coloso de Avellaneda es una escultura de hierro de quince metros de altura que lleva en sus manos un cuadro de Eva Perón, está situada a orillas del Riachuelo en honor a los Descamisados que intentaron llegar a la Capital el 17 de octubre de 1945 para apoyar a Perón. "El Descamisado" había sido el nombre del primer periódico anarquista de 1879. Un "descamisado" es un trabajador y simpatizante del peronismo argentino a partir del 17 de octubre de 1945. En principio fue una forma despectiva de referirse a ellos desde las filas opositoras, pero hábilmente el movimiento peronista lo recogió y se embanderó en esa figura. Ese día hacía mucho calor y los manifestantes que estaban exigiendo la libertad del Gral. Perón encarcelado por el entonces Presidente de facto E.J. Farrell, se sacaron la camisa y algunos remojaron sus pies en la fuente de Plaza de Mayo. Ese día fue luego considerado el día de la Lealtad peronista e identificado con la imagen de "Las patas en la fuente". La referencia al descamisado peronista ha sido comparada con los "*sans culotte*" (los "sin calzones") de la Revolución Francesa, *el culotte* era una prenda que usaban sólo los aristócratas. De modo análogo, la clase alta francesa la usó para referirse al pueblo revolucionario, la operación argentina repite el gesto de señalar un atuendo para identificar a una clase social.

Los trabajadores se encontraron con el Puente Pueyrredón levantado por lo que comenzaron a acercarse en botes improvisados o a nado (Gradin, 2013). Tal como señala Gradin, la figura imaginada inicialmente por Daniel Santoro evoca una figura recurrente en sus pinturas: la de un King Kong proletario en la cima de un edificio, en lugar del *Empire State*, la CGT. Fue una idea del pintor Daniel Santoro, de hecho recurrente en sus pinturas, que luego se ejecutó junto al escultor Alejandro Marmo. Ciertamente, la inspiración fundamental fue aquel monumento proyectado e inconcluso de 1951. Se construyó con materiales industriales de desguace al igual que las obras que la sucedieron en colaboración con Santoro y con los trabajadores del programa de *Arte en las fábricas.* Con esos rezagos industriales juntos construyeron también los murales de Evita en el edificio de los ministerios de Salud y Desarrollo Social sobre la Avenida 9 de julio.

En colaboración, Marmo y Santoro, diseñaron el modelo, pero *El Coloso* lo construyó un equipo de veinte personas en una fábrica metalmecánica de Dock Sud. Debido al gran tamaño fueron necesarias grúas para el traslado de las partes (una serie de chapas de hierro negro cubiertas de laca tuvieron que ser unidas con soldadura eléctrica). Semejante monumentalidad se erige como una amenaza y una advertencia, por más que levanten los puentes, los descamisados pueden llegar a la Casa Rosada, ésa es la fuerza que tienen. Aurora Venturini escribe:

> Mediaba 1945. Todo el pueblo, especialmente el obreraje enardeció. El 17 de octubre salimos a romper la Casa Rosada. No pudimos llegar, pues levantaron los puentes. Algunos compañeros decididos, de Berisso y Ensenada, se tiraron al río y no sé qué habrá pasado con ellos. (Venturini, 35)

Para la conmemoración, el enorme tamaño del proyecto juega un papel fundamental. La irrupción violenta en el espacio urbano es imprescindible para que interfiera con notoriedad el marco de la ciudad. Una escultura o monumento conmemorativo que se adecue al paisaje y se integre armónicamente al entorno puede resultar invisible políticamente o lo que es peor, puede erigirse como ideológicamente servil al *statu quo*. La disonancia en cuestiones de tamaño o de forma, lo que a simple vista resulta desproporcionado colabora, sin embargo, en el mecanismo de la memoria. El monumento debe proponer, en términos de Richard Serra, una "constelación confrontativa" (Buchenhorst, 531) frente a cualquier marco urbano que de por sí presenta una superestructura ideológica dada por su organización y perceptibilidad particulares. El artista siempre debe trabajar en contra de esa superestructura ideológica, nunca en conformidad con ella, de lo contrario el proyecto puede hasta asimilarse decorativamente al entorno. Por el contrario y definitivamente, el monumento debe ser una especie de "catalizador cultural" pues tiene el objetivo de posibilitar un acceso individual y un reconocimiento no dirigido de la obra con las imprevistas síntesis que inaugure el visitante entre contexto y obra. Lo que se privilegia es la violencia que la escultura mantiene con su entorno por la disrupción y discontinuidad que se manifiesta allí, así es como tanto *El Coloso de Avellaneda* como *El Monumento a Evita* en sus inconclusas intenciones, el *Altar de la Patria* o el *Monumento al Descamisado*, se proyectaron.

IV.1.3. El Museo Evita

El museo es una de las más importantes representaciones sociales de la memoria que tiene por objeto producir un efecto de conmemoración en tanto forma de orientación histórica.[50] Así concebido, el museo supone que los testimonios del pasado merecen ser conservados y expuestos en vistas a la constitución de una memoria colectiva o individual. La operación de legitimación de la identidad de una cultura o una civilización no es, de ninguna manera, una operación neutra u objetiva, sino todo lo contrario, Remo Bodei (1996) lo define como un "campo de batalla", una lucha por la apropiación de la herencia simbólica del pasado en la que se exaltan y se ocultan aspectos de la historia según las demandas del presente.

El temor a ser olvidados se manifiesta en la proliferación de imágenes que tienen por función atraer algo a nuestra memoria. Frente a la imagen fugaz, efímera que brindan los medios de comunicación, observamos que los monumentos conmemorativos, los cementerios y los objetos reunidos en el museo aseguran la materialidad de los objetos y su permanencia. De esto trata la hipótesis de Andreas Huyssen (2001) sobre el predominio de la *mnemohistoria,* una memoria ligada a la musealización que se articula para defendernos del miedo a que las cosas devengan obsoletas y desaparezcan.

Sin embargo, la actual sobreabundancia de museos conmemorativos no hace más que amenazar la memoria misma. Tal como señala Tzvetan Todorov (2000), la memoria involucra una selección, no se conserva indiscriminadamente, sino que al conservar se elige qué elementos conser-

[50] R. Bodei señala, siguiendo a Maurice Halbawchs, que es un *"conjunto de estructuras públicas quepermiten la organización de los recuerdos individuales"*, "Sobre la lógica de los museos", *Revista deOccidente,* febrero 1996, pp.21-34.

var. Aquéllos que han intentado controlar tal selección, en lugar de proponerse recuperar el pasado con el fin de recordarlo, han concretado la utilización del pasado, su abuso. Frente a acontecimientos individuales o sociales de naturaleza trágica, el derecho a la recuperación de la memoria, como señala Todorov, se convierte en un deber: el de testimoniar,[51] el de recordar.[52] Su propuesta consiste en distinguir una lectura *literal* del acontecimiento recuperado, de una lectura *ejemplar*. La primera, somete el presente al pasado pues convierte en insuperable al acontecimiento, en cambio, el uso ejemplar de la memoria posibilita la utilización del pasado en vistas a un presente, se trata de un modo de aprovechamiento de las injusticias padecidas para combatir las que se producen en la época actual. Ahora bien, la posición de Todorov insiste en la esterilidad de erigir un culto a la memoria por la memoria misma, si bien a todos nos cabe recuperar el pasado, no existe razón que justifique la mera sacralización de la memoria. Una vez restablecido el acontecimiento pasado debemos preguntarnos por la utilidad de tal gesto, por su fin.

Las culturas de la memoria críticas actuales -señala Huyssen- acentúan la defensa de los derechos humanos, las temáticas de las minorías y del género, así como también los diversos pasados nacionales e internacionales, esto inaugura un nuevo enfoque en la escritura de la historia, se trata de asegurar un futuro con memoria.

El lado oscuro de la 'epidemia de la memoria' en las sociedades mediáticas occidentales reside en la suposición de que, restableciendo la memoria de acontecimientos pasados, se restablece la justicia. Si nos encontramos excedidos por la proliferación de espacios consagrados a la memoria, deberíamos aprender a distinguir entre aquellos pasados que son utilizables de aquéllos que no lo son. Sumergidos en la amnesia pro-

[51] Giorgio Agamben reflexiona acerca de la figura del testigo en *Lo que queda de Aushwitz* y señala: 'Los 'verdaderos' testigos, los 'testigos integrales' son los que no han testimoniado ni hubieran podido hacerlo. Son los que 'han tocado fondo', los musulmanes, los hundidos. Los que lograron salvarse, como seudotestigos, hablan en su lugar, por delegación: testimonian de un testimonio que falta" (Agamben, 2000:34)

[52] Todorov señala como ejemplo el memorial de los deportados judíos creado por Serge Klarsfeld. El memorial recupera lo que los verdugos nazis intentaron borrar: los nombres propios, las fechas de nacimiento y las de partida hacia los campos de exterminio (Todorov,2000:18).

movida por los medios de masas y los medios virtuales, Huyssen recomienda, no dejarnos dominar por el miedo al olvido.[53]

El desafío al que se enfrenta un espacio consagrado a la conmemoración es el de contar la historia, de qué manera ese ámbito va a narrarla. Y desde el lugar del visitante, no se presenta como análoga la experiencia de visitar un museo habitado por múltiples objetos ya museografiados frente a la de recorrer un espacio constituido, él mismo, en museo. Peter Vergo relata su propia experiencia al visitar el primer campo de exterminio de Adolf Hitler en Dachau y señala que el propósito de acudir al sitio mismo, para conseguir una percepción inmediata del campo puede constituirse muy bien en un acto de homenaje,[54] allí se experimenta la sensación de estar en el lugar real, pero sin experimentar esa realidad. Y Dachau, según su relato, ya no transmite su propio pasado pues el visitante, en lugar de ver qué aspecto presentaba el campo, acaba viendo sólo qué aspecto tiene aquello con que se lo recuerda. Otros comentadores señalan que los campos de exterminio, musealizados, han perdido la capacidad de conmocionar y por lo tanto, que sus recuerdos están condenados al olvido.

Se puede considerar que un espacio es museable en la medida en que pueda transformarse en lugar de duelo o de recuerdo, sea éste un campo de exterminio, el lugar donde se libró una batalla o el ámbito donde se declaró la independencia de un país. Pero los riesgos de los espacios a musealizar son varios y el fundamental es la decisión de estetizar el horror; el problema es que no hay solución ética que justifique un proceder estético, por ejemplo, un genocidio, un asesinato en masa, sea éste de judíos, gitanos, cuáqueros, homosexuales o víctimas de las dictaduras en Latinoamérica.

Otro peligro posible es que un espacio consagrado a la memoria del horror, acabe transformado en una *feria* del horror y que en lugar de que la visita promueva la conmemoración e incluso el arrepentimiento o

---

53 A. Huyssen propone: "Y acaso sea tiempo de recordar el futuro en lugar de preocuparnos únicamente por el futuro de la memoria." (Huyssen,2001:40).

54 Peter Vergo es historiador y especialista en museos, esta visita la relata en detalle en "Se ruega no molestar a los vivos". *Revista de Occidente*, Madrid, febrero 1996, p.35 a 46.

la vergüenza, estimule una curiosidad malsana en los visitantes. Que el museo-espectáculo se haya instalado en museos de arte, con venta de todo tipo de souvenires, postales y refrescos, puede leerse como un efecto banalizador y consumista de nuestra sociedad; pero, si este fenómeno alcanza a estos espacios consagrados a la memoria, entonces no sólo estos lugares se encuentran amenazados por el olvido sino también por una suerte de voyeurismo morboso.[55]

El término museo tiene origen en el antiguo *mouseion* griego, lugar de culto a las Musas, las nueve hijas de Zeus y Mnemosine -la Memoria-: es el ámbito de la creación artística, el canto y la memoria. Con la configuración de un espacio sagrado, el museo, en sus primeras fases, se presenta como caja opaca y compartimentada que selecciona y protege tótems de sociedades primitivas, objetos raros, curiosos o bellos.[56] La idea de receptáculo, de secreto o de tesoro se asocia a la idea de museo aún en nuestros días a pesar de las transformaciones que ha sufrido y que ha generado esta institución. En la época helenística, el *mouseion* de Alejandría - creado por Demetrio de Falero, un discípulo de Aristóteles, con el patrocinio de Ptolomeo I- estaba conectado al conjunto de edificios escolares organizados como Biblioteca.

El museo de Alejandría reunía todo lo referido al saber y a la investigación, aunque contaba también con un parque zoológico, salas de disección, jardines, exedras, estatuas y pórticos, lo que conformaba un marco agradable para el estudio.[57]

---

55 Esta expresión está inspirada en la acusación de "voyeurismo sentimental" que recibió el fotógrafo brasileño Sebastião Salgado de parte del crítico de arte Jean-Francois Chevrier. Lo acusaba de estetizar los padecimientos, debidos a problemas sociales y políticos, de habitantes de Ruanda, Afganistán y países de los Balcanes. Salgado había presentado su obra *Migrations* en el International Center of Photography de Manhattan.

56 "El origen de los museos está enraizado en el proceso de elección y protección de los tótems en las sociedades primitivas; objetos bellos, raros, curiosos, estén o no relacionados con los mitos. El museo alberga objetos que, como los tótems, son fragmentos que rememoran una totalidad pasada y ausente, fragmentos de un objeto que pertenecía a un tiempo sagrado." Josep.M. Montaner, *Museos para el nuevo siglo,* Ed. Gustavo Gili, Barcelona, 1995, p.6.

57 Francisco Calvo Serraller señala que incluso Platón resaltó la importancia del *mouseion* en su Academia donde también había estatuas, un ara y una exedra donde se pronunciaban conferencias. Cf. "El museo alejandrino" en *Revista de Occidente N° 177,* Madrid, 1996, p.12.

Las primeras colecciones reunían no sólo piezas artísticas sino también objetos de la historia natural y objetos raros en general. La diversidad, la mezcla, es la característica de esta serie de objetos reunidos en gabinetes de curiosidades, cámaras de tesoros, cámaras de maravillas, cámaras artísticas, *antiquariums*, lapidarios, bibliotecas, jardines botánicos, de pinturas y de esculturas, así como también jardines zoológicos.

Hacia fines del siglo XVIII y principios del XIX las colecciones sufren una lenta transición del carácter privado al público; paralelamente, se produce una evolución en el espacio de exposición: del ámbito secreto o *studiolo* se pasa a la galería. Los primeros museos públicos de esta época presentan dos concepciones contrarias: por un lado, se presentan aquéllos que persiguen la unidad y la solemnidad sustentada por una concepción de belleza intemporal y canónica, es un museo que se propone desarrollar el espíritu ilustrado cuyo objetivo es la transmisión del gusto académico y los nuevos valores del progreso. Por otro lado, surge la idea de museo como ámbito que permite el rescate de antigüedades nacionales y que tiene por objeto desarrollar la sensibilidad evocativa de la memoria. Este último modelo se basa en una percepción nostálgica y un gusto romántico, en tanto que el primero, se erige como centro de formación con un claro fin didáctico.

El Museo Fridericiano de Kassel, fundado en 1769, en plena Ilustración, es el museo más antiguo del continente europeo y la primera construcción neoclásica de Alemania. Fue utilizado primero como gabinete de curiosidades y desde el principio se proyectó con acceso al público, actualmente, es el edificio central y más importante de la *Documenta*, donde se desarrolla el evento internacional reconocido como de mayor relevancia para el arte contemporáneo.

Durante la primera mitad del siglo XIX, los museos comienzan a especializarse -en arte, en arqueología, en ciencias naturales, etc.- y gradualmente, se perfecciona su aspecto arquitectónico y en especial, la iluminación. Se trata de la idea de museo como caja opaca, una suerte de caja ornamentada que se franquea para poder develar un saber oculto, velado, en una sucesión de ámbitos caracterizados por la acumulación, con ocupación total de los espacios disponibles e interiores compartimentados.

Esta concepción de museo se diluye con el surgimiento de la arquitectura de vanguardia que promueve el espacio universal, la transparencia, la funcionalidad, la neutralidad, la precisión tecnológica, en suma, propone la ausencia de mediación entre espacio de exposición y obra a exponer, tal es el caso del *Museo de crecimiento ilimitado* diseñado por Le Corbusier en 1939.

Por su parte, los museos norteamericanos de los años sesenta y setenta no siguen esa idea vanguardista de museo transparente; incorporan una tenue luz artificial y se conforman como museos-bunker; son cajas cerradas, sin ventanas y construidos en hormigón armado. Un hito en la historia de la arquitectura, en absoluto neutro, tampoco transparente, es el Museo Guggenheim de Nueva York diseñado por Frank Lloyd Wright en 1959, producto de conceptos propios de la modernidad asociados a la experiencia maquinista y anhelos de permanencia. El Museo Guggenheim de Bilbao, en cambio, fue diseñado por el arquitecto norteamericano Frank O. Gehry y abierto en 1997. Es un museo de arte contemporáneo cuya arquitectura presenta una estructura compleja. Está compuesto por una serie de volúmenes combinados con muros cortina de cristal que sí le otorgan transparencia al edificio.

Otras propuestas actuales, sin embargo, recuperan la idea arquetípica de museo como caja sagrada o cueva del tesoro, como un intento por rememorar la experiencia primigenia de museo frente a la concepción racionalista y transparente del movimiento moderno, tal es el caso del Centro de Arte de Vassivière de Aldo Rossi en 1991 y del Museo de Arte Moderno en Frankfurt diseñado por Hans Hollein en el mismo año.

El museo como caja se erige como reacción a la idea de transparencia, el museo contemporáneo niega la posibilidad de materializar la neutralidad, lo considera un mero simulacro. Estas propuestas recuperan la experiencia primigenia del museo como espacio interior que alberga una sabiduría de difícil acceso. Esto no elimina el continuo reto al que se ven enfrentados ante manifestaciones artísticas contemporáneas que intentan replantear sus límites y por ende, exigen nuevos espacios de presentación. La institución museo es así, reflejo de las contradicciones conceptuales y sociales contemporáneas.

El Museo Evita fue inaugurado el 26 de julio de 2002, cincuenta años después de la muerte de Eva por su sobrina nieta Cristina Álvarez Rodríguez, en la ciudad de Buenos Aires. El edificio de la calle Lafinur 2988 a metros de la Av. Las Heras del barrio de Palermo donde funciona, había sido el Hogar de Tránsito N°2, un refugio temporario para mujeres y niños sin recursos. La casona, originalmente, había sido construida para la Familia Carabassa a principios del siglo XX, hacia 1923 el arquitecto Estanislao Pirovano la intervino con elementos de estilo *plateresque* y renacentista italiano. En 1948 compra la casa la Fundación de Ayuda Social María Eva Duarte de Perón para que allí funcionara el Hogar, y en 1999, la casa fue asignada al INIHEP,[58] dependiente del Ministerio de Cultura y Educación.

Además de las salas de exposiciones allí funciona el Instituto Nacional de Investigaciones Históricas Eva Perón que tiene por objetivos: difundir la vida y obra de Evita, promover los estudios historiográficos y críticos de la acción de Eva y de su ideario político, del primer peronismo y de las mujeres políticas argentinas. Allí se encuentra reunido el material existente sobre Eva y funciona un banco de datos, una biblioteca, hemeroteca, cinemateca y videoteca. En la sede se dictan cursos, conferencias, seminarios y también se realizan publicaciones sobre el tema. El recorrido por las salas permite apreciar sus trajes, sus objetos personales, fotografías, la reconstrucción de la cocina del Hogar, se proyectan filmes de su época de actriz y documentales. La propuesta que presenta el espacio no es en absoluto crítica de la figura de Eva, todo lo contrario, es de una complacencia tal que aplana toda su riqueza contradictoria.[59]

El museo presenta la semblanza de una "mujer-estampita", sin dobleces ni espesura, y con esa estrategia empobrece su conmemoración. Los objetos y sus vitrinas están dispuestos de modo tal que sugieren que ha sido prevista una recepción ideal de "turista tipo", liviana y pasatista, lo que evidencia una verdadera subestimación por el visitante. No permiten sacar fotos (aun sin flash) y una gran parte de lo expuesto se centra en la indumentaria de Evita sin problematizarla, como si sus trajes sólo

[58] INIHEP es el Instituto Nacional de Investigaciones Históricas Eva Perón
[59] Su curador es el Dr. Gabriel Miremont, museólogo y Doctor en Historia.

mostraran esa fachada ideológicamente neutra de una "mujercita hueca y coqueta" preocupada sólo por su aspecto. En otras secciones la muestra apela al sentimentalismo, en especial en los cuartos de proyección, al emitir una y otra vez su famoso discurso de renuncia estando ya muy enferma. Esa construcción de mártir la infantiliza y solo abona la representación de una "mujer-madre" que da todo, incluso su salud, por sus "hijitos-grasitas". No porque no sea cierto en alguna medida, pero es que no ha sido sólo eso, porque esos gestos han tenido una contrapartida, ha habido allí una mujer muy lejos de cualquier "niña-santa", ha habido una mujer que ha sabido bien cómo confrontar a los poderosos y sus estrategias no fueron tan níveas.

Lógicamente, un recorrido así debía resolverse con un restó de estilo -*trendy, cool*- y una sección tienda -*souvenir shop*- por el que pasean inevitablemente los contingentes de turistas antes de volver a subir al mini bus que los llevará a conocer otro atractivo de la ciudad. El restaurant está dentro de la casona y tiene una sección al aire libre, los precios no son accesibles ni populares (inaccesibles para un descamisado) pero el patio es exquisito.

IV.1.4. Nuevos espacios de conmemoración: los restaurantes políticos peronistas

En pleno auge porteño de restaurantes temáticos, el primer local gastronómico peronista que abrió sus puertas fue el bar *El General* en 2005 en el barrio de Monserrat; en 2008, en Mar del Plata se inauguró *Juan Domingo*, un Bar Restó; en 2010, *Perón Perón,* en el barrio porteño de Palermo. Gonzalo Alderete Pagés, uno de sus dueños, declara que se trata de un "restaurante político", no temático (Ledesma, 2017). Fue una época en que lideraba la tendencia Nac & Pop y una franja etaria muy joven ya no se acercaba más a las Unidades Básicas y estos espacios resultaban atractivos, aunque no se fuera militante. Con una vajilla y una decoración de espíritu peronista se pueden comer, aún hoy, platos tradicionales de cocina doméstica como el pastel de papas bajo el nombre de "el elegido del General" o bien las empanadas Santa Evita (de estilo salteñas rellenas con carne cortada a cuchillo). Los precios, sin embargo, no se ajustan a las posibilidades de un trabajador sino a las de un público "más gorila".[60] Así como está peronizado con humor el menú, así también está la decoración y la vajilla, mientras que en los televisores y en la pantalla gigante se transmiten documentales sobre Juan Domingo Perón y Evita. Esperable y lógico era que frente a la expansiva liturgia peronista del lugar hubiera una tienda de souvenires y lo que resultaba *kitsch* en una época, en ésta haya dado un vuelco total hacia lo *camp*; lo que en otros años resultaba un indicio de pobreza y "grasitud", ahora resulta curioso y una extravagancia simpática "*for export*". En un sector del salón, Evita tiene su propio altar: un conjunto de fotos y de estampitas rodeadas de velas y un ramo de flores conforman el conjunto. Cuadros de Daniel Santoro, Ricardo Carpani y Sergio Tosoratti adornan las paredes del local, los uniformes negros de los camareros llevan impresa la cara de Perón y en uno de los paneles del fondo se lee "Perón cumple, Eva dignifica".

Sin duda estos restós se constituyen como nuevos espacios de conmemoración, pero presentan un problema pues construyen una memoria *cliché*, un discurso memorialista de mercadotecnia, con hábiles estrategias orientadas a un "consumidor de memoria". Y ésta puede resultar la mejor maniobra para provocar el olvido, una memoria manipulada con estrategias de marketing, repetida y omnipresente puede resultar en su contrario: el arma más eficaz para producir el olvido por agotamiento (Huyssen, 157).

Y esa repetición se dio con la apertura del bar *Un café con Perón* que se inauguró un 17 de octubre de 2010 en el barrio porteño de Recoleta,

[60]"Gorila": es una denominación política argentina que se utiliza para denominar a una persona que tiene una postura antiperonista (reaccionario de derecha, militarista) . Es una expresión despectiva que nació de un cuadro humorístico creado por Aldo Cammarota quien cuenta el hecho en 1985 en una columna para el diario Clarín: "En marzo de 1955, hice por radio (en *La Revista Dislocada*) una parodia de *Mogambo*, una película con Clark Gable y Ava Gardner, que sucedía en África. En el sketch había un científico que, ante cada ruido selvático, decía atemorizado: «deben ser los gorilas, deben ser». La frase fue adoptada por la gente. Ante cada cosa que se escuchaba y sucedía, la moda era repetir «deben ser los gorilas, deben ser». Primero vino un fallido intento de golpe y luego el golpe militar de 1955. Al ingenio popular le quedó picando la pelota: «deben ser los gorilas, deben ser». Los golpistas se calzaron gustosos aquel mote. (Aizpeolea, Horacio (1 de marzo de 2002). «EE. UU.: murió Aldo Cammarota». Clarín).

en el mismo año que *Perón Perón*, y el restó *Los octubres* en el barrio de Palermo se inauguró dos años después, en diciembre de 2012.[61] *Un café con Perón* funciona en la planta baja de lo que fue la residencia presidencial de la calle Austria hasta 1955, y donde actualmente desarrolla sus actividades el Instituto Nacional Juan Domingo Perón donde se investiga y estudia la obra del General. El ambiente es respetuoso de la primera presidencia de Perón y no incurre en su extensión ideológica hacia el kirchnerismo como sí sucede en *Perón Perón*. En una de las mesas hay una escultura de Perón sentado y muy sonriente como esperando que el visitante se siente a su mesa. José María Ottavis y J.C. Dante Gullo son los propietarios de *Los Octubres*, este local gourmet militante peronista kirchnerista le debe su nombre a la histórica plaza del 17 de octubre, al 8 de octubre, fecha en la que nació Perón, al mes en que la Revolución rusa ocurrió, al mes en que muere el Che y también Néstor Kirchner, y al nacimiento de la China de Mao. En la tienda de souvenires del entrepiso, la memorabilia de Eva y del primer peronismo se entremezcla con la de Cristina Fernández y Néstor Kirchner. Allí se pueden comprar "Nestornautas", ropa y almohadones evitistas, muñecas de tela de Cristina Kirchner, jarras de vino en forma de pingüinos kirchnerizados y libros sobre la temática. Un traslado oligarca el de todos estos multiespacios gastronómicos y culturales pues han sido implantados en un barrio en absoluto obrero, Palermo es un barrio que se caracteriza por el diseño, una decoración no tradicional y donde muchos chefs jóvenes abren sus locales con cocina "de autor" para un público selecto y algo snob. El único que registra un gesto auténticamente peronista es el pionero, el que no se encuentra en ese barrio, sino más al sur de la ciudad: "El General". Ese emprendimiento sufrió una interna feroz de duhaldistas contra kirchneristas, enfrentados sus dueños, el proyecto estuvo a punto de derrumbarse. Sus trabajadores lo recuperaron y

---

61 Cabe mencionar el *Café Las palabras*, también denominado *La cueva del Gordo Valdés*, un refugio peronista Nac & Pop de impronta kirchnerista que funciona detrás de un viejo portón en la calle Guardia Vieja en el barrio de Almagro en Buenos Aires. El lugar está ambientado como un gran museo de la historia política

argentina con objetos rescatados de la basura y de los mercados de pulgas, tal es el caso de los tres uniformes del Gral. Perón que se exponen. Para ingresar el requisito es haber sido previamente invitado (Beldyk:2018).

hoy funciona como una cooperativa y los que antes eran camareros Víctor Ábalos y Raúl Leyría, ahora son uno tesorero y el otro secretario de la cooperativa limitada de trabajo.

IV.1.5. Evita: entre una Sycorax y una Miranda

El 10 de diciembre de 2019 la imagen de Evita se estampó en una de las caras de la caja de pan dulce navideño a la venta a un precio muy accesible durante los festejos de la asunción del presidente elegido Dr. Alberto Fernández. En las otras caras de la caja, están los retratos de tres ex presidentes de nuestro país: Juan D. Perón, Néstor Kirchner y Cristina Fernández junto con la inscripción "Pan dulce peronista. Feliz 2020!!" Pasada la fecha las cajas se repartieron entre los afiliados al sindicato de docentes de la Universidad de Buenos Aires: Feduba.

En el interior de la caja, una bolsa plástica que conserva el pan dulce lleva una etiqueta a color con la imagen de Evita y una cita de sus palabras en las vísperas de la Navidad de 1950: "La nochebuena es de los pobres, de los humildes, de los descamisados desde que Cristo, despreciado por los ricos que le cerraron todas las puertas, fue a nacer en un establo." El pan dulce fue elaborado por la Cooperativa de Trabajo "4 de agosto" y el dinero que se recaudó fue destinado al abastecimiento de los comedores y merenderos de la Federación de Trabajadores de la Economía Social.

El efecto de todo este *merchandising* de la memoria de Eva Perón resulta en el aplanamiento de las contradicciones y tensiones inherentes a toda construcción colectiva de la memoria, la memoria transformada en un fetiche complaciente, de una sola cara, que cumplirá una función ornamental no hace más que diluir la carga ideológica y revolucionaria de cualquier proyecto o figura que lo encarne. A favor de esta operación podría argumentarse que estos objetos mantienen vigente la figura de Eva. Rescatado su rostro e impreso en una camiseta o en una taza de café, su retrato parece emblema de una mártir defensora de la clase más necesitada y ahora minifalda de alguna joven estudiante en algún rico país del norte. La imagen de Evita resulta así integrada sin inconvenientes a la cotidianeidad contemporánea convencionalmente estetizada. En lugar de formar y construir una memoria, por el contrario, se la deforma al "kitchizarla". Aún así, habiendo anulado las tensiones de su actuar político, algo inquietante de su figura sobrevive en esos locales temáticos, en esas tiendas de recuerdos y aún en su museo: todos están ubicados en barrios elegantes y costosos, habitados y visitados por quienes hubieran sido adversos al primer peronismo.

A comienzos del siglo XXI en Argentina, comenzó un proceso neonacionalista de mercado, el mercado se apoderó de los relatos nacionales, se trata de un "agenciamiento" de la memoria nacional para el consumo. Lo que en tradiciones de otra época se revelaba como sistemas de oposición, en los primeros años del nuevo siglo el neoliberalismo se disolvió en un "plebeyismo homogeneizador" (Alabarces, 2018). En apariencia se presenta como un gesto democratizador (una ilusión de democracia semiótica) porque decrecen las jerarquías valorativas clásicas que distinguían lo culto de lo popular pero curiosamente las reafirma. Esa reafirmación se logra mediante procesos de estereotipación, racismo y discriminación.

Este fenómeno de "plebeyización" ostenta la impronta de una degradación de la alta cultura, esa expresión denota una indiscutida pertenencia a un discurso conservador. Sin embargo, señala Alabarces, que fue Edward P. Thompson quien lo había usado varios años atrás como un descriptor positivo, y antes aún, fue Bertolt Brecht quien la usó en la década del cincuenta, retomada luego por Frederic Jameson en la década del ochenta. "Plebeyización" indica una captura y clausura de lo popular, se trata de esos repertorios, lenguajes y prácticas de condición plebeya que son utilizados por sectores medios y altos y así cancelan la posibilidad de impugnación por plebeyos. Es así como se manifiesta el peronismo -esa historia de la cultura popular en Argentina- en un "plebeyismo exasperado" encarnado en la figura del Descamisado evitista. Esto operó una transformación neo conservadora: de un país plebeyo se pasó a un país burgués. Se trata de una operación que oscila entre un efecto democratizador y uno conservador.

¿Qué forma de mirar a Eva se ha plasmado en estos espacios? Ya contamos con muy pocos testigos vivos de su gestión, ¿qué construcción se ha ido cristalizando que hoy sus bordes parecen aristas redondeadas, sus fisuras ya limadas y resulta una personalidad tan complaciente para el público de todas las clases sociales? ¿Que una vidriera con su guardarropa sea la presentación inicial y persistente del recorrido por el museo que lleva su nombre no resulta una mirada heteropatriarcal de su persona? ¿Por qué los restaurantes peronistas han atrofiado sus contradicciones, su mal carácter, sus desplantes, su energía incansable y la han transformado en una mártir comparable a Gilda o al Gauchito Gil? ¿Acaso no han dejado rastros en la memoria las polémicas construcciones de su figura que hicieron Perlongher, Copi, Rodolfo Walsh, David Viñas o Borges? A pesar de los mecanismos de cristalización que operan en sus dispositivos de conmemoración, Eva Perón se presenta como una extraña criatura híbrida que oscila entre una Sycorax y una Miranda.[62] Por un lado, encarna el pensamiento peligroso, primitivo, mágico e irracional de la bruja shakespeariana que dio vida a la deformidad, a la inhumanidad de un Calibán descamisado. En el otro extremo, le da cuerpo al eterno femenino, de tez transparente, rubia, vestida por Dior, bella y elegante como una reina o una santa. Ambos extremos resultan representaciones aptas para la dominación y la explotación, y así es como se está edificando su memoria.

[62] Sycorax y Miranda son dos personajes asimétricos de *La Tempestad* de W. Shakespeare que a la crítica descolonial le han permitido repensar y reflexionar acerca de los procesos de colonización y descolonización (Bagnato:2015)

V. La mirada plegada
Consideraciones finales

V.1 Eva en el espejo

El espejo (del latín *specullum*) es una superficie pulida en la que la luz se refleja de modo tal que produce una imagen virtual del objeto reflejado con el mismo tamaño y forma que el real. En este caso, el del espejo plano, la imagen resulta derecha pero invertida en el eje normal al espejo; en los casos de espejos curvos, pueden ser cóncavos o convexos, la imagen virtual resulta aumentada, disminuida o distorsionada. Sean planos o curvos, los espejos son cristales que contienen detrás una capa de aluminio y reflejan, de un modo o de otro, el contenido expresado frente a él.

El espejo acarrea con una tradición narcisista y solipsista y ha dado lugar a diversas reflexiones teóricas sobre la identidad, pero también convive con especulaciones sobre espejos deformantes que distorsionan el origen del reflejo. La especularidad ha servido como modelo de conocimiento para apuntar a una operación reflexiva que replica al sujeto observador. La acción del espejo reproduce al objeto y el reflejo mismo de ese espejo (Jay, 209) este paradigma ha tenido su máxima manifestación en la filosofía hegeliana y en el pensamiento idealista de la identidad en general. El *speculum* del espíritu absoluto que es la raíz de la unidad dialéctica última de sujeto y objeto y el juicio reflexionante kantiano en sus dos variantes dan testimonio de esto. Martin Jay señala que la visión se entiende como el ojo que se ve a sí mismo en una reflexión infinita porque no es un ojo que ve un objeto exterior a él.

Teóricos en la línea deconstruccionista, y desde otra vertiente T. Adorno, en cambio, defienden la irreductible alteridad que escapa a toda posible identidad especular. Se trata de una alteridad que no es capaz de cerrarse en sí misma ni de unificarse en una instancia superadora e integradora de esa diferencia entre la fuente y su reflejo. La afirmación de esa irreductible diferencia entre el principio y lo que deriva de él es lo que le permitió a Paul de Man postular el género autobiografico como des-figuración pues no considera posible que se pueda generar un producto especular y mimético de un referente, sino que lo que engendra es la ilusión de referencialidad. Por el contrario, postula una especularidad literaria de ese género en el que dos sujetos se reflejan mutuamente y se constituyen a través de esa reflexión mutua.

V.1.1. Evita de colección: La especularidad proliferante

Evita de colección fue una muestra realizada en el MUNTREF de Buenos Aires, el Museo de Artes Visuales de la Universidad de Tres de febrero, en septiembre de 2019. Se expuso obra de diecinueve artistas entre los que se cuentan Daniel Santoro, Marina Olmi, Luis Benedit, Nora Aslan, Patricia Hakim, Annemarie Heinrich y Mariana Schapiro. Dado que una colección nunca es una mera acumulación de objetos, por esta razón es que Gérard Wacjman señala: "Reunión no es una colección" (Wacjman, 2010, 16), la serie está reunida alrededor de un tópico que es Evita, pero también está ordenada según un gesto: la especularidad proliferante. Apenas se ingresa a la sala de exposición de *Evita de colección*, el visitante enfrenta su mirada con un par de ojos llorosos que evocan la pena, el perpetuo duelo desde 1952, se trata de *Dolor de agosto* (2012*)*, una escultura de hierro y madera de Mariana Schapiro.

Ojos que se enfrentan con ojos, ojos del visitante que se espejan en los ojos penosos de la obra de Schapiro y que serán la promesa de una cifra que articula todas las obras de la muestra. La obra elegida para la presentación y promoción del evento es *Sin título* de Patricia Hakim (2002) en la que se propone el rostro de Eva espejado a sí mismo. Sin embargo, no es un reflejo preciso, pues el contorno de su imagen es borroso a lo que se suma que la instalación es móvil. Caracterizada por la inestabilidad material de la obra y la falta de exactitud de los rasgos, se aprecia una Evita translúcida e imprecisa que se espeja sobre otra sí misma de las mismas características. No se trata de un espejo de cristal estropeado, en definitiva, tampoco es un espejo pero sí un movimiento especular el que une las partes de la obra. Tampoco el problema es que no refleja bien la imagen en la superficie porque la propuesta no admite pensar en esos términos, no estamos ante una fuente que refleje un origen, no hay forma aquí de pensar en téminos graduales o jerárquicos, no se puede discernir en ninguna de las obras una fuente y un reflejo de esa fuente. Hay especularidades, pero no hay espejos. Las partes confrontadas, inicialmente, ya están desdibujadas y sin embargo se autocontemplan, pero con falta de rigor, con imperfecciones y con falta de nitidez.

En el arte y en la literatura la figura del espejo cuenta con una tradición que tiene sus orígenes en Platón y en su concepción de arte como copia de la copia al borde del no-ser, en una instancia ontológica muy débil que equipara con los objetos reflejados en las aguas o en los espejos. La metáfora del espejo para referirse al arte fue citada por William Shakespeare con la idea del drama como espejo de la vida, y por Oscar Wilde y Percy Shelley, entre tantos. En general esas comparaciones apuntan a la imitación, al parecido, al equivalente y por extensión a los símbolos y a las metáforas. De hecho, en el presente escrito hemos utilizado el concepto de las representaciones de Evita, estetizaciones o figuraciones porque hemos aludido al sentido del lenguaje como figura, sea metáfora o prosopopeya. El lenguaje, tal como indica Paul De Man, nunca es la cosa misma sino su representación, es figura, es imagen de la cosa (De Man, 1991). Durante el Renacimiento, la referencia al espejo ligada a la pintura y al arte en general sigue siendo frecuente y explícita por ejemplo en las declaraciones de Leonardo Da Vinci y en restricciones selectivas sobre aquello que debe reflejar el espejo, pues no todo en la naturaleza o en la mente del artista es digno de espejarse en el arte, se debe poder y saber discriminar qué mostrar y qué no.

Evita de colección ordena especularmente las obras, pero solo una presenta un espejo, las demás obras están ubicadas de modo tal que una figuración de Eva se enfrenta a otra, en algunos casos coinciden los artistas, pero no en todos. La obra de Daniel Santoro esta muy presente en la muestra con varias piezas, en ocasiones se enfrenta a una pieza del mismo artista. pero no en todos los casos. *Cabeza de playa I* parece contemplar directamente a *Cabeza de playaII*, Santoro trabaja en esta obra a Evita como ruina que devuelven las aguas. Su cabeza de busto conmemorativo evoca las partes que se han perdido de los monumentos del escultor italiano Leone Tommasi (1903-1965) (Véase Cap.IV) que fueron arrojados al río en ocasión de la Revolución Libertadora de 1955. Durante décadas las esculturas permanecieron en el lecho del río hasta la década del '90 cuando se concretó, aunque parcialmente, el saneamiento del Riachuelo y pudieron recuperarse. Se trata de un grupo escultórico que inicialmente se informó que había adornado el frontispicio de la Fundación Eva Perón sobre la Avenida Paseo Colón de Buenos Aires, donde hoy funciona la Facultad de Ingeniería de la UBA. Pero recientes investigaciones de Riccardo Bremer,[63] un estudioso de la obra de Tomassi, rectificaron ese dato al afirmar que las tres esculturas forman parte del denominado Monumento al Descamisado y no de la Fundación Eva Perón. La estatua decapitada es la de Eva Perón y tiene por título *La razón de mi vida* que es el libro que sostiene entre sus manos. Las que están a su lado son la de Juan. D. Perón sin cabeza junto a la de un trabajador que llevan por título *Los derechos del trabajador*; la tercera y sin terminar es *La solidaridad*. Actualmente, aunque mutiladas, pueden visitarse en la Museo-Quinta 17 de octubre, ubicada en San Vicente, Pcia. de Buenos Aires que fuera propiedad del matrimonio y donde hoy se encuentran los restos de Perón.

La propuesta curatorial de *Evita de colección*, firmada por Aníbal Y. Jozami y Diana B. Wechsler insiste en la confrontación especular de las figuraciones evitistas. *Altarcito* de Santoro inclina su rostro hacia *Evita* de Luis Benedit y *Cara Evita* de Eugenia Streb ofrece su rostro a *Socorro* de Marina Olmi.

Elda Harrington titula su obra *Todos somos evita* (2003), estas propuestas especulares nos invitan a construir un sujeto colectivo y a disolver las esencias de un sujeto único, cartesiano y moderno. En la construcción de este sujeto diseminado y evitista que facilita el espejo no solo se alienta un propósito solidario y empático, cabe recordar en nuestra historia argentina reciente las pancartas en marchas que rezaban "Todos somos Cabezas" por el crimen del fotógrafo José Luis Cabezas, "Todos somos Lucía" por el crimen de Lucía Pérez y el más reciente "Todos somos Brian" en solidaridad por las burlas a su aspecto de las que fue objeto un joven

[63]Cf. Leone Tomassi, publicado por Petra Edizioni D'Arte, Pietrasanta, Italia.

presidente de mesa en las elecciones 2019. Una fórmula sintáctica que se ha aplicado también a atentados y catástrofes internacionales como el caso de la tragedia en Haití en 2010, y el de Charlie Hebdo en 2015, entre otros, que apela al apoyo y reclamo de justicia para construir consenso.

En 2019 a propósito del centenario de su nacimiento, en nuestro país ha ocurrido un fenómeno social y artístico liderado por la mirada, la especularidad y la proliferación de las imágenes reflejas. Tal distorsión multiplicadora entre la Evita histórica y sus efectos especulares han dado por resultado diversos fenómenos, uno social denominado la marcha de las *Cien Evitas* organizado por un colectivo de militantes feminista y uno artístico: *La Caravana de las Cien Evitas*, un espectáculo performático callejero interpretado por más de 100 mujeres y disidencias caracterizadas como Evita que llevaron adelante un recorrido en tranvía y a pie por distintos puntos de la ciudad considerados icónicos para la historia del peronismo en la ciudad. El colectivo formado por artistas, militantes feministas, peronistas y kirchneristas presentó una versión feminista de la Marcha Peronista.[64] El colectivo encarnó a las cinco Evas: la actriz, la sindicalista, la montonera, la de gala y la de *La razón de mi vida*, suceso que se replicó en otras ciudades del interior, en especial en la de Rosario.

El espejo que nos invita a ser Evas, no solo diluye la posibilidad de pensar una Eva histórica, irrepetible y única, sino que invita a continuar una tarea, multiplicar la identidad, con el anhelo de hacerla millones, para que su presencia siga viva en la memoria como abanderada de los humildes. Es un anhelo de que se borren los límites entre lo uno y "lo otro" para echar por tierra y denunciar cualquier nostalgia de claridad y transparencia por considerarla, gesto muy nietzscheano, una mera ilusión: la ilusión de la transparencia. Espejar a Eva es al mismo tiempo honrar la opacidad, es recuperar lo que se pierde en el reverso plateado del espejo (Jay, 259) en contra de cualquier maniobra idealista, más precisamente hege-

[64] La letra de Las muchachas peronistas dialoga con la versión original de Los muchachos peronistas y mantiene la misma melodía: "Las muchachas peronistas, todas unidas triunfarremos, y por Evita daremos, un grito de corazón, Eva perón, Eva Perón. A la compañera Evita queremos reivindicar, patria justa y soberana feminista y popular. Eva Perón tu corazón nos acompaña sin cesar te prometemos con pasión no dejaremos de luchar." (*Página 12*, 7 de mayo de 2019)

liana, de incorporar a lo opuesto y a la diferencia en una identidad superadora. Incluye una propuesta de diluir lo heterogéneo que se se recupera en el gran gesto del reflejo perfecto en el que ese sujeto autoconsciente sólo se ve a sí mismo. Que la actitud evitista se multiplique y prolifere para formar comunidades evitistas que carezcan de cierre dialoga fluidamente con el diseño de ciudad utópica peronista ideada por el artista Rafael Zarlanga, personaje de Daniel Guebel en *La carne de Evita* (2012). En el relato de Guebel, el Gral.Perón le encarga al joven artista una ciudad en la que se plasmara el futuro de la arquitectura nacional en una superación de la estética peronista, pero Zarlanga ingresa en un delirio creativo del que no puede salir, aunque le sobrevenga el golpe militar, el abandono de los líderes, y la muerte del General. El artista continúa, por años, angustiado, diseñando una utopía que complazca a Perón, que esté a la altura de sus directivas, sin poder culminar la tarea jamás. El crecimiento de los bocetos y el desvarío de las distintas versiones de la ciudad proyectada acaba careciendo de sentido, de eje central, y sin conexiones ni correspondencias entre los distintos planos urbanísticos. Zarlanga le dedicará toda su vida al proyecto y aunque luego obtiene su reconocimiento por haber trabajado afanosamente en él, su obra se transforma en un enjambre de planos nunca devenidos en obra arquitectónica pero sí en obra de arte:

> Devorado por la peste de lo inconcluso, corroído por la certeza de que Perón callaba porque seguía insatisfecho con los resultados de su tarea, el artista pasó de la abstracción a la figuración, de la figuración a la torpeza ingenua, y de allí a los rasguños en la sombra de las cavernas, aguardando un mensaje de aprobación que no llegaba. (Guebel, 60)

Y ese elogio nunca llegará, es el tipo de crecimiento peronista que se resiste a la lógica piramidal y ensaya bocetos provisorios, corrige, vuelve al pasado, proyecta, inicia recorridos sin salida, aporías de un atractivo visual y literario que resisten la lógica y el concepto acertado. A Zarlanga se le aparece Evita, desnuda, cubierta solo por una túnica blanca, en un sarcófago de plata para anunciarle que su misión ya estaba cumplida: "Tu obra tiene encanto, y eso es lo más importante" le dice antes de desvanecerse (Guebel, 57/8). No interesa que no tenga cierre la obra del artista, importa para Eva, que tenga encanto y si es así, la misión está cumplida.

La invitación a espejarse en Evita y proliferar resulta contundente en la obra de Andrea Juan, *Evita vive* (2002). En la obra de Juan, el visitante se espeja en el centro de un vértigo centrífugo de "Evita vive", vive en aquél que se refleje en el nudo de esa proyección con efecto de profundidad. Vivimos en Eva, ínfimos en las profundidades de tantas Evas vivientes proyectadas en ese pozo ciego y espejado que parece lanzarnos hacia la superficie con nuestro propio reflejo de espectadores y participantes.

Los moralistas del Medioevo alertaban sobre la contemplación excesiva y demasiado frecuente de los individuos en el espejo, la advertencia consistía en que podía conducir al pecado de la soberbia. Que el empeño en el autoconocimiento podía desviarnos, pervertidamente, hacia el orgullo. En épocas recientes se les advertía a las niñas que no se miraran tanto en los espejos porque se les aparecería el diablo. Esa desconfianza hacia los espejos se extiende a la catoptromancia o catoptromancía o captromancia (del griego κάτοπτρον: kátoptron, espejo, y μαντεία mantéia, adivinación) o enoptromancia es la adivinación por medio del espejo. En él se podía reflejar el presagio del final de una vida o la recuperación de una enfermedad según si la imagen refleja resultaba fresca y saludable o fantasmal. Aún hoy en algunos hogares con el fallecimiento de un habitante se aconseja cubrir los espejos del hogar con un paño para que el alma del difunto no quede atrapada en este mundo a través del reflejo y pierda su camino al más allá, otras versiones declaran que se cubren para evitar que otros seres sobrenaturales utilicen los cristales como portal ya que el fallecido está atravesándolo. Demás está nombrar a Lewis Carrol con su consagrada *Alicia a través del espejo* (1871) que inaugura el mundo del otro lado del espejo o al mismísimo *Drácula* de Bram Stoker (1897) que huía de los espejos pues no se veía reflejados en ellos y sus visitas podrían descubrir con horror su naturaleza verdadera, y tantísimas otras obras literarias y artísticas que despliegan los misterios de los cristales pulidos.

Las versiones y recreaciones de *La Gioconda* o *La Mona Lisa* (1503-1519) de Leonardo Da Vinci han sido muchas y tan variadas que resulta todo un acierto la propuesta de Zulema Maza en *Íconos* (2002) al "giocondizar" a Eva Perón y espejarla con la imagen del siglo XVI. José Jiménez (2003) revisa varias de las expresiones artísticas que dialogaron con la obra considerada la más famosa de la cultura occidental. El autor señala la sobrecarga ideológica que acompaña a *La Mona Lisa*, que ha sido identificada -igual que Evita- con la mujer ideal pero también con la mujer fatal; de quien se ha escrito sobre su mirada hipnotizadora y sobre el enigma indescifrable de su sonrisa; se ha sugerido que su imagen convocaba a lo "eterno femenino" pero también ha habido interpretaciones que dudaban de que su sexo coincidiera con su género y han defendido la idea de que se tratase de un varón todos registros con algún tufillo misógino.[65]

En otros capítulos hemos señalado la concepción de Eva-macho y de Eva-travesti al tiempo que se la ha identificado con la mujer abnegada, ofrendada a su marido, atractiva, bella, y madre benefactora y generosa de sus descamisados. Así como Eva ya embalsamada fue robada, así *La Gioconda* fue sustraída del museo en 1911 por un nacionalista italiano que declaró su intención de devolverle a su país la obra que les pertenecía. El robo provoca sus innumerables reproducciones, tarjetas postales, publicidades y sellos pues son tres años los que transcurren hasta que es devuelta a las autoridades. Años en los que el famoso italiano la tuvo protegida debajo de su cama y la transformó sin intención en la imagen con mayor circulación de la historia del arte.

Entre 1915 y 1916 Kasimir Malevich produce *Composición con Mona Lisa* en la que la tacha, la niega, la encierra bajo dos cruces rojas, la presenta maltratada por considerarla ya una imagen gastada. En 1919, Marcel Duchamp presenta *Elle a chaud au cul*, un *ready made* que hace alusión al estudio freudiano sobre la posible homosexualidad de Leonardo. Y, en 1954, Salvador Dalí presenta *Mona Dalí* o *Autorretrato como Mona Lisa* que evocando la obra de Duchamp interviene la imagen con sus facciones y

[65] José Jiménez refiere la teoría freudiana sobre la supuesta homosexualidad de Leonardo y la posibilidad de que su cuadro más famoso fuera el retrato de un varón.

sus míticos bigotes. Esta obra, cuatro años después, en 1959 será tapa de la famosa revista alemana *Der Spiegel.*

Más tarde, se suceden otras *Giocondas* como la de Andy Warhol: *Treinta son mejor que una* (1963); la de Fernando Botero: *Mona Lisa a los 12 años* (1977); la de Yasumasa Morimura: *Mona Lisa in its origin* (1998). La obra de Leonardo ha sido fuente para protestar contra la institución académica, rebelarse contra la gran narrativa de la *mímesis* de Giorgio Vasari y para refutar el concepto de belleza asociado al de arte. Ha sido pretexto para reivindicar la cultura oriental, para luchar contra la opresión patriarcal y ha servido como estandarte de los avances en las telecomunicaciones, entre otras causas.

Si toda imagen, sostiene John Berger, incorpora un modo de ver y los que percibimos o apreciamos una imagen tenemos nuestro propio modo de ver; aquel que produce esas imágenes deja huella de un registro. Ese registro deja indicios de cómo, en este caso, Duchamp vio a *La Mona Lisa* o de cómo Malevich la percibió. Esa traza se imprime en la obra de Zulema Maza, queda asentado cómo se ve a Eva, se la ve asociada y espejada al modo como miramos a *La Gioconda.*

V.1.2. Parejas especulares: Evita y Aurora; Evita e Isabelita; Evita y Nicola

Las parejas especulares se encuentran también en dos novelas de Siglo XXI: Evita y su amiga Aurora en *Alfa y Omega* de Aurora Venturini (2014) y en Evita e Isabelita en *La carne de Evita* de Daniel Guebel (2012) y en una instalación visual: *Eva. El espejo* de Nicola Costantino (2013).

Aunque se sabe que fue una íntima y amorosa amistad la que unió a Aurora Venturini y a Eva Perón gran parte de sus vidas, la autora declara expresamente en el *Epílogo* que el relato no pretende ser histórico. Sin embargo, construye su *alter ego* ficticio muy cercano a Evita y a la vez distante. El personaje Aurora narra sucesos en primera persona ocurridos en la época en que dictaba clases en escuelas de La Plata y luego trabajaba en La Fundación Eva Perón hasta la noche. El reflejo especular entre Aurora y Evita es deformante, en la primera etapa porque Aurora opera subordinada a su jefa y en la segunda, porque la escritora la sobrevive y es testigo del maltrato a su cadáver. La camaradería en las tareas de la Fundación denota confianza de parte de Eva y admiración y respeto de parte de Aurora:

> El día transcurre en paz. Evita va y viene muy jovial; trae un expediente.
> "Leé las últimas resoluciones".
> Las leo. Son justas. Ella confía en mí; firma al pie y se va a otra oficina. Frena en la mitad del piso del gran registro de la Fundación.
> "A las siete vamos al barrio de La Culona. ¿Te acordás?"
> Me acuerdo, me acuerdo. (Venturini, 27)

Aurora no la tutea, la época marcaba e imponía esa distancia, aunque hubiera confianza, sin embargo, Aurora solía contarle bromas que se hacían a espaldas de la pareja presidencial, se constituye en una informante de aquello que pocos se hubieran atrevido a confesarle aunque por prudencia le consulta si se enojaría al escucharla:

> Me dice:
> -¿No sabés otro chiste?
> -¿Sobre Perón, señora?
> -Mirá, si es de mí, te cacheteo.
> -Dicen que había en Mar del Plata una piedra enorme donde se sentaban los turistas, que de repente desapareció. De pronto, colocaron un gran cartel que decía: "Perón cumple, ampliación del Océano Atlántico".
> Ella me alaba
> -Sos una genia, hija de puta. (Venturini, 29)

Eva hace, Aurora escribe. Eva encarna y empuña su liderazgo político con sensibilidad y pasión, Aurora personifica su compromiso social con afecto piadoso y con auténtica emoción. El espejo las cruza en el fundamento y en la manifestación. A ambas las constituye el compromiso social y político: Evita lo tiene en su espesor, Aurora en su base. A las dos las atraviesa el sentimiento y el dolor ajeno: en Evita es su cimiento, en Aurora su expansión. Durante un acto literario en el que Aurora debe presentar un nuevo libro, un señor de traje y corbata pide la palabra y se dirige a Aurora:

> -A usted, escritora, le debo la vida y la llamaría mamá.
>
> Sollozó el duro señor y la gente quedó impactada.
>
> -Gracias a su gestión, hoy tengo un pasar más que suficiente. Tengo hogar, camioneta, título de contador nacional y vacaciones en la costa...Yo fui menor suyo, Castrito el pequeño. (...)
>
> -Me acuerdo, Castrito, gracias por venir a escuchar mi charla.
>
> No lloraré.
>
> Eva:
>
> -No seas estúpida. Nunca te emociones en público. Ni se te ocurra llorar... (Venturini, 75/6)

La lucha por la justicia social en Eva no lagrimea ni muere. La Evita de Venturini declara "En las profundidades aún no me han callado" (Venturini, 88), ni con su deaparición física logran acallar su mensaje, por esa razón la considera "Alfa y Omega de la Doctrina", la doctrina peronista atraviesa su cuerpo y queda allí encarnada. El enigma que plantea la protagonista narradora es que si "este hada enfrentando piara" antes de asomarse al balcón no tenía ensayado ningún discurso y cuando ve a los grasitas alzar los brazos fluye desde su garganta "su lujosa locución original de indomable", ¿de dónde, de qué lugar recóndito florecen esas palabras? Aurora se pregunta: "¿Nexo de quién su voz?" (Venturini, 89). Venturini construye el cuerpo de Evita como encarnación del dogma peronista y por momentos como intermediario entre el pueblo al que se consagra y una misteriosa fuente de inspiración superior. La autora insinúa un origen inexplicable de poderío que se sirve de esa corporalidad para dirigir los designios de los más humildes, el ingrediente místico y enigmático, aunque sutil y fugazmente reaparece en torno a la figura de "esa mujer".

Aurora declara cuánto la ha amado, el cuerpo de Eva es la Doctrina que se espeja en el cuerpo de Aurora como una sombra: "La sombra de *Esa Mujer* estaba pegada en mi piel, yo era ella, así me leían, así me insultaban (...) La sombra de *Esa Mujer* se me hizo luz." (Venturini, 94) Se escenifican las dos instancias, la luz y la sombra, el origen y su reflejo, pero si Eva era la fuente de luz y Aurora su sombra especular; con Evita fallecida la luz deviene tiniebla que se le adhiere al cuerpo vivo de Aurora y la impugna de peronista en éspocas nacionales de dictadura. Y una vez hecha sombra en la carne de su secretaria y amiga, Evita se torna fulgor.

Otra especularidad, pero esta vez extremadamente deformante se manifiesta en el Tercer Acto de "La patria peronista", una breve obra de teatro publicada en *La carne de Evita* de Daniel Guebel (2012) entre María Estela Martínez de Perón alias Isabelita -la tercera esposa del Gral. Perón- y Evita. El encuentro que Guebel propone reedita una suerte de resurrección evitista presente en una novela de Mario Szichman de 1986: *A las 20:25 la Señora entró en la inmortalidad.* Martín Kohan y Paola Cortés Rocca señalan que se trata de una reencarnación antes que una resurrección porque se instala una variante que supone una modificación total de la concepción del cuerpo (Kohan y Rocca, 107). No se intenta ya que el cuerpo de Evita sea el sostén a preservar para que la vuelta a la vida esté asegurada, sino que se intenta la transmigración del alma de Eva a otro cuerpo, el de Isabelita. El cadáver se diseña como cárcel del alma de Evita, por tanto, la idea es liberar ese espíritu incomparable de ese cuerpo momificado que lo contiene, resulta entonces imprescindible elegir un cuerpo que esté vivo para su resurrección.

En "La patria peronista" Evita ya embalsamada se despierta completamente sola y a oscuras en un altillo de la residencia que habita el que fuera su marido con su tercera esposa. Yace en un ataúd sin tapa, desnuda, hasta que Isabelita le ordena que se despierte de una vez por todas. Una se autodenomina la Abanderada de los Humildes, su pareja especular: la Enana Maldita. Isabelita se acerca al ataúd y le recrimina:

> Isabel: (...) Despertáte. Me tenés harta. Noche a noche el inútil de Lopecito me tiene horas tratando de traspasarme tu alma pero, ¡ah no!, la señora no afloja. La señora no se digna a entregármela. A ver, ¿me querés decir qué tiene de especial tu alma? (Guebel, 155)

Tomás Eloy Martínez alude a las sesiones de espiritismo dispuestas por José López Rega en las que intentaba prácticas de transfusión espiritual de Eva a Isabelita, que incluían rituales como mancharle los labios de la difunta con sangre de colibrí y rodear el cajón de velas encendidas con el objetivo de vaciar el cuerpo para la eternidad (Martínez, 335-339). El objetivo era que Evita vuelva, en una repetición de vaciamiento, tal como señalan Kohan y Rocca, que espeja otros vaciamientos anteriores: el ginecológico primero, al detectarle el cáncer de útero en el que se procedió a la cirugía, eliminando sus órganos reproductivos para asegurarse que no hubiera ramificaciones indeseadas de la enfermedad ; el segundo, el que realizó el Dr. Pedro Ara al perpetuar sólo su exterioridad corporal, descartando sus órganos interiores; el último, el que intentó López Rega con su alma con la intención de que su cuerpo quedara perenne en su materialidad y deshabitado espiritualmente (Kohan y Rocca, 108/9). Estos dos personajes de Guebel interactúan de modo rústico, casi grotesco, se insultan, se desprecian mutuamente, entablan una dinámica de rivalidades despreciables, casi ofensivo para el lector por lo burdo del diálogo. Dos personajes construidos con una falta total de inteligencia y de sagacidad política, ni la Eva ni la Isabelita de Guebel se distinguen siquiera por su encanto o picardía. Una es espejo de la otra en la estupidez y la degradación, muestra de esto es el bochornoso intercambio que sostienen a propósito de la envidia que una siente de la otra:

> Isabel: ¿Tu alma? ¿Pero para qué quiero yo tu alma pulguienta...ese menjunje histérico, lleno de emociones sin forma, puro gritería sin consuelo? ¡Yo tengo un alma más refinada, querida, yo tengo formación cultural! Estudié mecanografía, soy egresada del instituto de danzas clásicas y folklóricas, leí al conde de Saint-Germain. ¿Para qué voy a querer yo tu alma? Eso es cosa de Lopecito. Yo no tengo nada que ver con el asunto. Es más: si tu alma pasa a mi cuerpo y mi alma pasa al tuyo, la que más pierde soy yo.
>
> Evita: Mentirosa. Vos soñaste ese cambio desde el momento en que te lo quisiste levantar a Perón.
>
> Isabel: ¡Pero qué hipócrita! Pero si el viejo estaba muerto conmigo. Lo tenía todo el tiempo olfateándome la almeja como un perro alzado.
>
> Evita: ¿Eso nomás?
>
> Isabel: Es lo único que puede. Pobre.
>
> Evita: A mí, en cambio, no sabés cómo me la ponía. (Guebel, 158/9)

La obra de Guebel intenta versionar la intimidad entre estas dos protagonistas de la historia argentina, enfrentándolas especularmente en sus miserias y mezquindades momentos antes que López Rega rece la primera invocación en egipcio antiguo. Tomás Eloy Martínez resume ese propósito al ficcionarlo en *La novela de Perón* (1985):

> Ya no me queda tiempo. Ahora me concentro. ¿En qué orden haré que fluya el moira de Evita hacia el otro cuerpo, cómo pasar a la ignara Isabel los árboles del soma, las alegrías de Kinvat? Húndete, sueña, húndete: aprende a ser, como la muerta,

> puente entre el General y los descamisados, abanderada del verticalismo. (Martínez, 338)

A operaciones especulares de los últimos diez años sobre la figura de Eva Perón como las de *Evita de colección*, la de Aurora Venturini o la de Daniel Guebel se suma la de Nicola Costantino como cierre. Se trata de *Eva. El espejo* una instalación que formó parte de la ya citada *Rapsodia Inconclusa* (Véase Cap.III.1) en la que la artista misma encarna la figura de Eva que se refleja ya no en otra persona sino en sí misma. Ese reflejo no produce la variedad de figuraciones que se ofrecen en la muestra de *Evita de colección*, en la que ella se mira a sí misma en la variedad de obras que la tienen por protagonista, sino que aquí en el doble de Eva que se mira a sí misma en un juego de espejamientos de cristales dentro de la intimidad de su dormitorio. No es Eva, es su doble y ahí ya se instala la especularidad, no se espeja en un otro sino en ella misma de frente y de espaldas.

El ambiente decorado con estilo francés presenta dos espejos enfrentados, uno es el del tocador, el otro es de pie y en ambos se proyecta un video en el que se registran los movimientos del doble de Eva de frente y del revés. El visitante pasea por el cuarto iluminado con la calidez de dos veladores a los lados de la cama y dirija su mirada hacia donde la dirija, Eva lo envuelve con su reflejo y sus movimientos más íntimos y cotidianos.

Los espejos siempre nos devuelven un reflejo, somos nosotros y a la vez no somos, somos semejantes a ese doble y sin embargo exponen una contracara En ese efecto que produce el rebote de la imagen hay algo trágico, algo que se ha quebrado o desgajado; María Negroni define a los dobles como señuelos (Negroni, 55). La especularidad que produce dobles los emite de manera inexacta, las réplicas nunca son precisas, algo defectuoso a veces ostensible, a veces imperceptible, las distingue de la fuente del reflejo. Esas malformaciones reunidas en este apartado enriquecen el arte visual y la literatura. Todos esos ejemplares congregados en un mismo sitio y ordenados en función de un eje han conformado una serie a la que se ha denominado colección. Una colección conserva alguna modestia frente a un Atlas que supone portar o sostener un mundo entero sobre sus hombros. Los Atlas apelan a la cartografía, es decir a cierto conjunto de coordenadas que nos asisten para que no perdamos el rumbo, lo que nos deja en las puertas de la colección. Si no hubiera colecciones de datos, de códigos, de rutas, de estadísticas no habría posibilidades de cartografiar nada, por esta razón entre los inventarios y los mapas hay diálogos fluidos. Entre *Evita de colección* y el *Atlas Evita* hay continuidades; así como entre la especularidad evitista y los bucles ópticos de sus figuraciones se erige un plexo de referencias y significaciones apasionantes.

V.1. Los bustos de Eva Perón: un fragmento corporal entre la canonización y la parodia. De Carlos Gamerro al *Atlas Evita*

A un busto se lo considera un monumento que en su origen lleva impreso el fin de recordar o conmemorar, aunque adicionalmente alguno puede tener valor artístico. El término "busto" deriva de la voz latina *bustum* que significa tumba o sepulcro, por la costumbre de adornar los monumentos fúnebres con el retrato del fallecido o con la máscara funeraria. Este tipo de escultura consiste en la representación de la parte superior de un cuerpo humano que incluye la cabeza, los hombros, el nacimiento de los brazos y parte del pecho, la pieza si bien es un fragmento del cuerpo se la considera una obra en sí misma y totalmente completa. Ya en el siglo XIV a.C. en el Antiguo Egipto se representaba en este formato, tal es el caso del busto de Nefertiti y el de Ramsés II pero su auge lo adquirió durante el Imperio Romano cuando comenzaron a tallarse con profusión y en materiales nobles y duraderos como el mármol, el granito y el bronce. Dioses, héroes y próceres han sido monumentalizados en este formato artístico, pero también parientes difuntos. Los romanos ubicaban en el vestíbulo de sus casas, un recinto al que denominaban atrio, bustos de familiares fallecidos con una inscripción con su nombre y con alguna referencia a su honorabilidad. En funerales o en fiestas, los bustos participaban de los eventos adornados para la ocasión, pero también los utilizaban como adorno en jardines, bibliotecas e incluso en baños.

Los bustos de Eva Perón han sido homenajeados y vandalizados, replicados y ficcionalizados, muchos ejemplares se encuentran en distintas plazas y parques de nuestro país, incluso hay uno en la cima del Aconcagua desde 1955. En Argentina, el busto de Evita exhibe una deriva que comienza, tal como señalamos, en 1951, así lo afirma Andrea Giunta, un año clave en el proceso de canonización de la imagen de Eva Perón (Giunta, 181).

Uno de los tantos retratos que se hicieron de Eva alcanzó una gloria tan extraordinaria que incluso logró que el nombre de su autor cayera en el olvido. El retrato en cuestión es el realizado por Numa Ayrinhac y que fue tapa de su libro *La razón de mi vida* en la edición de Peuser, la obra resultó clave en el diseño de su imagen pública (Giunta, 180). Con el cabello rubio y recogido en un rodete trenzado, con alhajas de rubíes birmanos, con su discreto vestido de broderie negro y la característica rosa de seda como prendedor, logró una imagen más moderada, alejada de lujos y vanidades que le habían valido las críticas de las clases dominantes. Esta imagen de Evita se transformó en estandarte en los actos políticos, se replicó en diversas estampillas y sellos, y fue la más difundida a nivel mundial gracias a las traducciones de su libro al inglés, al japonés, al francés, al italiano, al portugués y al alemán (Giunta, 181).

Tal canonización de su figura hizo que la llegada del busto de Sesostris Vitullo resultara escandalosa. Salvador María del Carril le había encargado a Vitullo, un artista argentino residente en París, por consejo de Ignacio Pirovano, un monumento a Evita.

Vitullo inspirado en la personalidad de Eva la representó como una suerte de mascarón de proa rodeada de laureles y como arquetipo símbolo, pero su obra no fue bien recibida. El peronismo siempre prefirió la representación realista antes que la abstracción (Giunta, 177). La propuesta de Vitullo no resultó el proyecto mimético que pretendía inmortalizar los rasgos de Eva hacia la santidad, la obra desapareció de la escena durante muchos años hasta que en 1997 se expone en la Fundación Proa de Buenos Aires cuando Guido Di Tella la trae desde Francia. Hoy el busto de Vitullo es propiedad de la Universidad Torcuato Di Tella.

El busto conmemorativo y paradigmático de la figura de Eva es el que realizó el escultor argentino Enzo Giusti y que donara a la parroquia del Padre Hernán Benítez, el confesor de Eva. El busto ahora se encuentra en las escalinatas del Museo Evita de Buenos Aires y una réplica en la ciudad de La Habana en Cuba desde 2010. La escultura sigue la línea mimética y presenta el icónico rodete, las facciones armónicas, serenas y de una simpleza y elegancia propias de la realeza.

La unicidad aurática del busto de Eva se quiebra en *La aventura de los bustosde Eva* una novela que Carlos Gamerro publica en 2012. Se trata de la historia del secuestro del presidente de una empresa por los Montoneros quienes exigen para su liberación que se coloque un busto de Eva Perón en cada una de las noventa y dos oficinas de la firma. El relato sostiene el tono de farsa o de comedia negra, y propone una Eva estereotipo en el que ya fijado el perfil sereno con su rodete trenzado en la nuca, los sentidos y las lecturas sobre su figura se expanden y proliferan. La figura representada se ha emancipado ya del mármol o del yeso y se derrama en una sobrecarga de sentidos a demanda de los espectadores y de la proyección de sus deseos. Así también había planteado Gamerro el territorio de las Islas Malvinas en una novela anterior, como íconos propicios para una lectura a la medida del anhelo de aquél que las evoque. La multiplicación de los bustos resulta una operación desmitificadora de Eva, la solemnidad se diluye y la cercanía liviana y barata del monumento opera derritiendo el efecto conmemorativo a punto tal que el busto se convierte en amuleto o talismán. La historia detrás del busto pocos la recuerdan, muchos menos la conocen y el protagonista la va descubriendo a través de las páginas de la legendaria publicación *Mundo Peronista* en pleno cautiverio. La maniobra desmitificadora de Eva resulta torpe, hasta sacrílega en un punto, pero el propósito de la novela es deconstruir el mito multiplicando los bustos, no destruirlo.

Esta parodia al busto como monumento sepulcral dibuja un arco superador en la obra del artista visual argentino Marcos López, autodenominado exponente del Pop-latino y del sub-realismo criollo. Su interés por el "ser nacional" o "la identidad argentina" se enfocan hacia lo estereotipado, su obra celebra lo vulgar, los clichés y el kitsch, convoca a todos los objetos que han sido fabricados en serie para inmortalizarlos en la fotografía. López visita y revisita la reproducción de lo insistentemente repetible y si es precario, mejor. Las composiciones visuales que prefiere yuxtaponen exponentes de arte culto y reconocido académicamente con un elemento vulgar y tosco que puede ser Borges junto a un pato inflable; Martín Fierro y una manguera para regar plantas; o, Andy Warhol y un mantel de hule. La categoría de "lo argentino" está siempre puesta en duda, que haya algo denominado "lo nuestro" es planteado con recelo porque si hay algo que puede ser denominado "criollo" será en general aquello que es trillado, rústico o la falta de distinción en general. La composición de la fotografía *Perón y Evita* de 2003, presenta en la escena central los bustos de ambos, aunque el de Eva está ligeramente por detrás del torso del General, precisamente ése era el lugar que la Abanderada prefería. El busto de Evita intenta replicar el retrato de Numa Ayrinhac, aquél que fuera tapa de libro, lo reconocemos por la flor en el hombro izquierdo ya característica, pero lo imita mal, es una Eva de sonrisa algo más pronunciada con el cráneo levemente deforme y de rasgos torpes, eso es lo que más le atrae a López, la copia que no es fiel al original, lo mal hecho, lo mal terminado. Ubicada junto a dos casitas para el perro, una parrilla, un par de carteles de promoción oxidados, una calesita de plaza de juegos infantiles, el conjunto se asemeja a un espacio para arrumbar cosas en desuso, un depósito o el fondo de una casa donde se amontona aquello que ya no le sirve a nadie. Los objetos de veneración y culto que son los bustos están ubicados junto a lo cotidiano acumulado y algo relegado.

Suite bolivariana de 2009 de Marcos López recupera el retrato de Numa Ayrinhac, pero ahora con los colores originales, el busto flota dentro de un salvavidas inflable circular en una pileta de plástico rodeada por las *Cajas Brillo* de Andy Warhol, el General San Martín, la ropa secándose al sol, Carlos Gardel, Manu Ginobili, Marilyn Monroe y Evo Morales. Muy distante de la solemnidad del busto conmemorativo, la Eva de López integra el exceso del subrealismo criollo que el propio artista define como un "surrealismo mal hecho". Los colores estridentes y la copia ilegal, los materiales cotidianos y baratos conforman un universo en el que el busto de Eva se cita de modo irreverente y a la vez simpático, no hay grosería ni ofensa en la composición, sino una transversalidad que no respeta sacralización ni jerarquía alguna en la que lo que predomina es el exceso. Se trata de un exceso barroco y de mal gusto, ordinario, mestizo, resentido y cariñoso a la vez, no es el Pop de la Stable Gallery de Nueva York, sino un Pop rioplatense y bolivariano en el que Evita resulta un ingrediente más, mezclada en una multitud, entre una palangana de plástico amarilla y el choripan argentino.

Este primer movimiento barroco de López parece haber sentado las bases para que en 2019 se presente una apuesta neobarroca con perspectiva warburguiana como *Atlas Evita: una colección de imágenes plebeyas* en el Museo de la Cárcova de Buenos Aires. Su curador, Federico Baeza, declara haber tomado de Aby Warburg la idea de "Atlas" como dispositivo iconográfico que brinda la posibilidad de componer extensos grupos de imágenes con "conexiones insospechadas, vínculos subterráneos y contigüidades soslayadas". El propósito fundamental de la muestra es proponer un juego intuitivo e inductivo para que emerja la discursividad social y los pliegues de una conversación colectiva al cumplirse el centenario del nacimiento de Evita. El interés de la investigación de Warburg en su *Atlas Mnemosyne* que produjo entre 1924 y 1929 en Alemania era centrarse en la memoria, pero también proponer una suerte de mapa de rutas de la cultura iconográfica.

Para su proyecto, Warburg recopiló dos mil imágenes articuladas en sesenta paneles, allí se fijaron fotografías de cuadros, reproducciones fotográficas procedentes de libros, material gráfico de periódicos y de la vida cotidiana. La intención del *Atlas Mnemosyne* fue explicitar la relación entre la Antigüedad y el Renacimiento, sobre todo del *Quattrocento* florentino. Hay en Warburg una idea de "viaje de las imágenes" y un interés especial en sus transformaciones a través del tiempo y del espacio, él es un pionero en el estudio de las relaciones entre textos e imágenes para construir una memoria colectiva. En esta idea se basó Federico Baeza para presentar *Atlas Evita*, en la utilización warburguiana y desprejuiciada de cualquier testimonio, estuviera incluido o no en las regiones de lo que se entiende como "gran arte". Las obras que componen *Atlas Evita* no se ubican en paneles pero sí en tres paredes de la sala de exposición. De espaldas a la cuarta pared por donde se ingresa a la muestra y en el centro del salón se ubica el busto de Eva, se trata de un calco de Tomás Tomasini que representa el busto de mármol que hiciera Enzo Giusti. El busto, la obra que encarna la memoria desde el sepulcro, la prócer, resulta la mirada privilegiada, ella no mira al visitante, cuando se ingresa al salón, ella ya se encuentra contemplando las obras que la tienen a ella misma como motivo principal.

No son obras solemnes como el busto, y no es una sola, son muchas y muy variadas, no son todas obras de arte, hay libros pegados en la pared, hay estampillas, banderines y revistas. Algunas producciones son de artistas prestigiosos y reconocidos como Graciela Henriquez, Daniel Santoro, Nicolás García Uriburu, Nora Iniesta, Alejandro Marmo, o la ya mentada de Marcos López. Todas las Evitas expuestas miran a la Eva busto, le devuelven la mirada ahora multiplicada y desde variadas composiciones. El visitante es el intruso que mira ese juego de miradas entre las muchas y variadas Evitas y la Eva única, aunque paradójicamente se trate de una réplica. El busto de Eva es el que gobierna la sala, es la que ostenta la solemnidad conmemorativa, es la obra que tiene volumen y es la privilegiada espacial y temporalmente: porque está en el centro y porque viene del pasado. El busto de Eva en *Atlas Evita* lleva en sí toda la historia y la tradición de su expresión, la intención de homenaje de Vitullo, el deseo de inmortalización de Ayrinhac, la vandalización sufrida durante la Revolución Libertadora, la multiplicación desmedida para asegurarse su presencia en todos los recintos que tan bien plantea Gamerro y la parodia consagratoria de Marcos López.

Frente al busto que lidera la sala, las obras expuestas en las paredes, muchas reconocidas, aplaudidas y legitimadas por el mundo del arte se exhiben junto a dibujos escolares, sellos, libros y tapas de revistas, pero conservando cierto orden, no hay caos en el conjunto. Pero las miradas de las distintas Evas no fijan su atención en el busto, se cruzan, se desvían o se pierden; es el visitante el que se interpone en ese círculo de Evas que, al contemplarse entre sí, son vistas. Ocurre en la sala, la manifestación del autoconocimiento de la Eva histórica y sepulcral en las numerosas figuraciones en que ha devenido. En la mirada del busto se autocomprende y se autocontempla ella misma al tiempo que la multiplicidad de sí la contempla a ella.

El visitante intercepta esa contemplación contemplada en un pliegue, si el busto, la prócer se pliega sobre sus representaciones, esas representaciones también se pliegan sobre la historia devenida en busto. Al pliegue barroco fuera de los límites históricos precisos, Gilles Deleuze lo define como rasgo o como función operatoria asociada a lo múltiple y carente de centro (1989). Lo múltiple, así, no es lo que tiene muchas partes, sino lo que está plegado de muchas maneras. Este laberinto neo barroco de miradas plegadas que descubrimos en *Atlas Evita*, no es caótico sino complejo, si hay un orden no resulta claro y evidente. Lo que resulta aún más barroco es que frente a un atlas, que se define como una colección de mapas, surja la relación con el laberinto, porque justamente los mapas sirven para evitar que estemos perdidos y un laberinto puede conducirnos precisamente a esa situación.

Ante la mirada del espectador acontece ese pliegue barroco y no ocurre desde afuera, sino que cuando el visitante recorre el juego de miradas allí y en ese momento se constituye el nuevo pliegue, pues mira la mirada del busto que es mirada por la multiplicidad de Evas desde las tres paredes. Movimiento que se proyecta al infinito porque impide establecer límites o contornos, el que mira y el mirado no pueden ordenarse o delinearse, son polos que no son opuestos, no contrastan, sino que se pliegan unos sobre otros. No hay recorrido prefijado para el visitante, no hay una entrada o una salida para la trama que se propone, no hay otra opción que sumergirse en ese conjuro de miradas. Al recorrido que se inició con el busto único y canónico de Eva Perón, le siguió la reproducción en serie de Gamerro, esa industrialización que desembocó en la ruina y en la mezcla desjerarquizada de Marcos López, y de ese aparente desorden de escombros hoy aparecemos frente a la trama secreta y al aparente extravío en el que nos instala *Atlas Evita.* Una creación que sugiere al busto como clave de un enigma que queda sin resolución porque propone sumergirse en el misterio de que se sigan produciendo incesantemente figuraciones de Eva Perón y que ellas mismas se citen y se refieran unas a otras y en esa remitencia se teja una red cada día más compleja e indecible en la que quizás el visitante o el lector termine resultando un intruso extraviado en un laberinto.

VI - Epílogo

A lo largo de estas páginas se ha ligado a las figuraciones artísticas y literarias de Eva Perón con la momia, la profecía, el enigma, la esfinge, la máquina, la autómata, el vestuario, el monumento, la santidad, el espectro y el espejo. Si algo tienen en común todas ellas es el carácter de enigmáticas, el acertijo las contiene y es lo que hace que la vigencia y el interés en sus estetizaciones aún no decaiga. Tal como señala Florencia Abadi "El vínculo entre enigma y odio fue patente en la Antigüedad griega" (Abadi, 55), vincular a Evita con un enigma (Véase Cap.II.3) es conectarla con una deidad hostil que se oculta y que resulta incierta. El enigma siempre propone un desafío y por tanto abre las puertas a la lucha, pues instala la curiosidad en el centro de la escena, la necesidad o el deseo de saber y abre las puertas a la rivalidad. Según Abadi, "proyectar sobre la mujer la idea de un misterio conlleva la misoginia" (Ibidem), la autora argumenta que al sugerir un misterio en la mujer se parte de una idealización y que es allí donde se esconde el odio envidioso. La envidia nace de la idealización de aquello que habría encontrado o logrado el envidiado, con lo que no se envidia nunca un objeto o aquello que alguien tiene, sino que lo que se envidia es que aquél ha satisfecho plenamente su deseo y que eso encarna un secreto que el envidiado se guarda para sí.

La construcción del enigma es ni más ni menos que la cristalización del deseo de saber de aquel que lo representa. La Esfinge griega que tiene rostro de mujer formula enigmas y estrangula a quien no sabe resolverlos por eso apela a la sumisión, Abadi sagazmente conecta esta obediencia con el respeto. Respeto que I. Kant conectó a la sublimidad pues el respeto siempre se dirige hacia lo que es más grande que el sujeto mismo, y el tamaño es apenas una relación, nunca es una apreciación objetiva de magnitudes, se mide siempre en comparación. La proliferación de figuraciones de Evita, la multiplicación siempre leída como su vuelta transformada en millones, desanima la voluntad de contar cuántas son, describir la variedad y cantidad de las obras que la aluden e intentan conmemorarla. Ante semejante exhibición fácilmente podemos experimentar un sentimiento estético de sublimidad, por el modo en que se humillan nuestras capacidades frente a tal magnitud de estetizaciones. Pero allí donde flaquea nuestra voluntad germina el misterio respetuoso y misógino que encarna el odio y la envidia. Y, sin embargo, este escrito se ha resistido al concepto de sublimidad para pensar la proliferación de figuraciones (Véase Cap.II.3) pues hubiera conducido a la postulación de unidades significativas y a un cierre más moderno que contemporáneo, con alusiones divinas y ambiciones totalizantes. Por el contrario, la intención al reflexionar sobre las figuraciones evitistas ha sido abrir senderos, bifurcarlos y ponerlos en diálogo con la convicción de que aún no cesan las producciones ni se vislumbra un cansancio por venir, no por lo pronto. Las reflexiones se han iniciado con los mitos de Eva Perón y precisamente los mitos son narraciones que jamás terminan de contarse.[66]

Siguiendo el pensamiento de John Berger, el visitante podría decidir qué ver, podría ver el vestido de Eva y la ausencia de su cuerpo, pero también podría ver su ausencia de cuerpo a partir del vestido. Puede pensar que el hábito es lo que construyó a la líder o bien puede pensar que el cuerpo, ya santificado, ahora resulta irrepresentable y en el borde de lo sublime ya no resulta visible. También puede razonar que esos mecanismos de retiro del cuerpo de Eva al transformarla en máquina (la de Piglia o la de Costantino, evocándola a partir de un vestido luego de haber sido zombie, puta, travesti y santa, en la exasperación del cuerpo en todas sus formas) ya no resulte perceptible hasta que al fin cumpla los cien años desde su nacimiento y entonces se visualice en un Atlas. Si el cuerpo de Eva dejó de ser visible en las figuraciones literarias durante un período que comienza en 1992 y termina en 2012 con *La carne de Evita* de Daniel Guebel y luego continúa con *Eva. Alfa y Omega* de Aurora Venturini (2014) y *Besar a la muerta* de Horacio González (2014) algo diferente sucede en el ámbito de la producción visual. El retorno del cuerpo de Evita en las obras visuales tiene lugar recién y con toda su potencia en 2019 con motivo del

[66] Se trata de una expresión de Fabián Ludueña Romandini a propósito del mito de Narciso: "El mito es la narraciónque, por sus propiedades intrínsecas, jamás termina de contarse. El anhelo de encontrar un ciclo cerrado y canónico en la historia de Narciso es tan inaprehensible como la imagen en la queel protagonista encuentra su reflejo." (Abadi, 2018:87)

centenario de su nacimiento, el borramiento de su cuerpo más ostensible se da en *Rapsodia Inconclusa* de Nicola Costantino (2013) y la *Serie Evita* de Graciela Henriquez (2017). La multiplicación de representaciones visuales de su cuerpo se da encuadrado en el fenómeno de la figura del Atlas y de la Colección, en 2019. Dos años antes su cuerpo no era visible y en poco tiempo proliferan sus representaciones en muestras colectivas en las que conviven, sin protagonismos evidentes, todos los estilos, todos los soportes, todas las perspectivas. Sin embargo, entre el *Atlas Evita* y *Evita de Colección* hay algunas diferencias.

En 2011, Georges Didi-Huberman presenta *Atlas. ¿Cómo llevar el mundo a cuestas?* en el Museo Nacional Reina Sofía de Madrid inspirado en el Atlas warburguiano en el que dispuso que las obras expuestas no se articularan en función de un tema determinado, una estética única o un canon fijo, por el contrario, se apreciaron las migraciones y la falta de fronteras genéricas, históricas o estéticas. Lo que dominó fue el caos del conjunto, algo similar a lo que Carlos Amorales denominó "archivo líquido", una suerte de dispositivo visual abierto a las discontinuidades y a los conjuntos inclasificables. En algunos Atlas visuales la diversidad es tal que resulta muy difícil alcanzar una visión panorámica de esa totalidad, esa gran escena global que es el *Atlas Evita*, sin embargo, presenta una contempladora privilegiada que domina todo el grupo de imágenes, ella misma. Ese conjunto visual que se presenta como *Atlas Evita*, ¿es inteligible para quién?, no para el visitante quien está ajeno a la escena sino para ella misma devenida en busto, ella puede contemplar todas sus manifestaciones ahora que está consagrada en la piedra, ahora que está convertida en piedra por la eternidad y en el despliegue de sus representaciones se contempla, o mejor, se autocontempla. En el colmo de la visibilidad, en el paroxismo de la especularidad que se cierra narcísticamente sobre sí misma, Eva se autocontempla, en el eco warburguiano de las constelaciones, propuestas en las tres paredes que evocan un triángulo, base de la proporción áurea, Eva se indaga.

La colección visual denominada *Evita de Colección* se ha concentrado en los espejos y en la especularidad desviada, de miradas laberínticas y encrucijadas con variadas ramificaciones. Reunir, conservar y exhibir son las tareas que cumple un coleccionista regidas por un orden que le permite construir la serie a completar. La gran diferencia entre un atlas warburguiano y una colección es que el primero se caracteriza por el desvarío en la reunión de las piezas y la segunda por la disciplina autoimpuesta y el rigor en la elección de los objetos que la componen. Por esta razón, en *Atlas Evita* la encrucijada de las miradas compone un plexo de relaciones oculares entre las piezas, donde los distintos órdenes de las miradas se cruzan, se intersectan, pero también confluyen. En una colección en cambio, se destaca la precisión en el orden de las piezas porque esos nexos guardan y exhiben una significatividad puntual y escrupulosa. En *Evita de colección* se plantea una apertura propia de aquella serie que aún no ha recolectado la última pieza, ese tan ínfimo detalle indica que la colección sigue aún viva, toda colección cerrada, aquella que ya ha hallado su última obra, es una colección muerta.

Siguiendo los gestos de estas exhibiciones ni el comienzo de estas páginas planteó posibilidades de cierre ni el final anheló clausuras. Si se presenta un fin es porque aspiran a que se pueda leer ese final como suspensión, no como conclusión, con la certeza de que habrá más obras por disfrutar y estudiar. Se detienen provisoriamente a mediados de diciembre de 2019, cuando el centenario del nacimiento de Eva Perón está llegando a su fin. No hubo cálculo ni previsión en ello, habrá sido un capricho del azar que esta vez ha jugado una buena pasada.

VII - Agradecimientos

Mi agradecimiento a la Universidad de Avellaneda (UNDAV) y en especial al cuerpo de Profesores de la Maestría en Estéticas Contemporáneas Latinoamericanas por haber cerado un espacio de reflexión, de diálogo y de apertura a los más diversos intereses y producciones.

Mi más sincera gratitud al Dr. Adrián Cangi y a la Dra. Alejandra Adela González por haber suscitado en mí el deseo de escribir, investigar y comunicar mis inquietudes y porque han demostrado que se puede crear un clima de cariño en el seno de la Academia.

A mis Directoras de Tesis, la Dra. Ma. Pía López y a mi amiga, socia y cómplice de tantas aventuras y proyectos, la Dra. Alicia Montes, por supervisar mi escritura por sus sugerencias y aportes, y fundamentalmente por su lectura atenta.

A Diego F. Velázquez, mi pareja, por su paciente y amorosa lectura de borradores y por asistirme ante emergencias cibernéticas. A mi hija Clelia Colombo por sus variadas sugerencias para la edición y selección de formatos y a mi hijo Bruno Colombo por su insistencia en que debía escribir la tesis más cómoda en una computadora de escritorio con amplio monitor y abandonar de una vez por todas mi notebook.

BIBLIOGRAFIA

Abadi, Florencia. *El sacrificio de Narciso.* Hecho Atómico Ed., 2018.
Abadi, Florencia y Lucero, Guadalupe. “Dialécticas del kitsch: el deseo en la cultura de masas. Favio, Santoro y los usos de la estética peronista”. *Estéticas de lo extremo.* Emecé, 2013.
Agüero, Celma y Rufer, Mario. "Diálogos atlánticos y construcción de conocimientos: proyecto 'El atlántico sur como historia y prospectiva'. Una introducción." *Cuadernos de historia. Serie Economía y Sociedad.* Área de Historia del CIFF y H-UNC, N°9, Pcia.Córdoba, Argentina, pp.157 a 170, 2007.
Aira, César. *El tilo.* Beatriz Viterbo, 2003.
Alabarces, Pablo A. "Textos populares y prácticas plebeyas: "aguante", cumbia y política en la cultura contemporánea argentina". *Alternativas latin american cultural studies Journal.* Alter/nativas (online) ISSN 2168-8451, 2018.
Alarcón, Pedro Antoniode. *La Pródiga.* Clerici, Maucci y Restelli Editores, 1898.
Alonso, Rodrigo. "Arte y tecnología en Argentina: los primeros años". Ed. Leonardo Electronic Almanac, 2005.
A.A.V.V. *El museo: historia, memoria, olvido. Revista de Occidente* N°177, 1996.
Alvarez, Ma. Eugenia. *La enfermera de Evita.* Instituto Eva Perón, 2010.
Ara, Pedro. *El caso Eva Perón.* CVS Ediciones, 1974.
Avellaneda, Andrés. “Evita: cuerpo y cadáver de la literatura”. Marysa Navarro (comp.). *Evita, Mitos y representaciones.* Fondo de Cultura Económica, 2002.
Bagnato, Laura y Carbone, Rocco. "Sycorax y Miranda". *Espacio Murena.* Buenos Aires de 21/05/2015. http://www.espaciomurena.com/8233/, 2015.
Ballent, Anahí. *El kitsch inolvidable. Imágenes en torno a Eva Perón.* Universidad de Quilmes, 2005.
---. *Las huellas de la política. Vivienda, ciudad, peronismo en Buenos Aires, 1943-1955.* UNQ, 2009.
Barthes, Roland. *Mitologías.* Siglo Veintiuno, 2014.
Baudrillard, Jean. *El sistema de los objetos.* Siglo XXI, 1988.
Beldyk, Mariano. "El último refugio para el peronismo nacional". *DiarioPerfil.*, 23/04/18, 2018.
Berger, John. *Modos de ver.* Ed. Gustavo Gili, 2016.
Bioy Casares, Adolfo. *La invención de Morel.* Emecé, 1984.
Borges, Jorge Luis.(1960) “El simulacro“. *Obras Completas.* Emecé, 1974.
Bratosevich, Nicolás y Grupo de Estudio. *Ricardo Piglia y la cultura de la contravención.* Atuel, 1997.
Brun, Jean. *Platón y la Academia.* Eudeba, 1977.
Buchenhorst, Ralph. "¿Qué forma tiene la memoria consensuable? Sobre el intento de ilustración del genocidio". *Discutir el canon. Tradiciones y valores en crisis.* CAIA, pp.527 a 540, 2003.
Bürguer, Christa. “El lugar de la mujer”. Christa Bürguer y Peter Bürguer. *La desaparición del sujeto.* Akal, 1996.
Calabrese, Omar. *La era neobarroca.* Cátedra, 1987.

Cangi, Adrián. "Néstor Perlongher: metamorfosis, crueldad, dislocamientos". Perlongher, Néstor. *Evita vive y otros relatos*. Santiago Arcos, 2009.

Cassirer, Ernst (1946) *El mito del Estado*. Fondo de Cultura Económica, 2004.

Celorio, Gonzalo. *Ensayo de contraconquista*. Tusquets, 2000.

Chakrabarty, Dipesh. "Historias de las minorías. Pasados subalternos en Post Colonial Studies". *University of Chicago*. V.1, N°1, 1998.

Copi (1969). *Eva Perón*. Adriana Hidalgo Ed., 2000.

Cortés Rocca, Paola y Kohan, Martín. *Imágenes de vida, relatos de muerte. Eva Perón: cuerpo y política*. Beatriz Viterbo Ed., 1998.

Cortázar, Julio (1986). *El examen*. Alfaguara, 2013.

Danto, Arthur. *Después del fin del arte*. Paidós, 1999.

De Grandis, Rita. "El guionista: el mito de Evita de la cultura de masas". *Reciclaje cultural y memoria revolucionaria*. Biblos, 2006.

De Man, Paul."La autobiografía como desfiguración". *Suplemento Anthropos*. N°29. Anthropos Ed., 1991.

De Mendonça, Inés y Lafosse, Juan Pablo. "Evita sobrevive. Representaciones de Eva Perón en la literatura argentina". Archivos de la revista *El interpretador*. N°28, septiembre 2006: *Evita*.

Deleuze, Gilles. *El pliegue*. Paidós, 1989.

Domínguez, Nora y Amado, Ana, (comps.). *Lazos de familia. Herencias, cuerpos, ficciones*. Paidós, 2004.

Dujovne Ortiz, Alicia. *Eva Perón. La biografía*. Ed. Punto de lectura, 2002.

Espinosa, Carlos."El barroco y Bolívar Echeverría: encuentros y desencuentros". *Íconos. Revista de Ciencias Sociales*. N°43. Quito, Ecuador, p.65-80. ISSN: 1390-1249, 2012.

Ferrater Mora, José. *Diccionario de filosofía*. Alianza Ed., 2004.

Ferro, Roberto. "Santa Evita, de T.E. Martínez. La verdad de la ficción". *El lector apócrifo*. Ed. de la Flor, 1998.

Freidemberg, Daniel. "Herencias y cortes. Poéticas de Lamborghini y Gelman". Cella, Susana. "La irrupción de la crítica", Volumen 10 de Jitrik, Noé. *Historia crítica de la literatura argentina*. Emecé Ed., 1999.

Gadamer, Hans-Georg. *La actualidad de lo bello*. Paidós, 1991.

Gamerro, Carlos. *La aventura de los bustos de Eva*. Edhasa, 2012.

García, Raúl. *Micropolíticas del cuerpo*. Biblos, 2000.

Giannetti, Claudia. *Estética digital. Sintopía de la ciencia, el arte y la tecnología*. ACC L'Angelot, 2002.

Giannetti, Claudia."El Espectador Como Interactor". 2004. http://www.artmetamedia.net/pdf/4Giannetti_InteractorES.pdf

Giunta, Andrea. "Eva Perón: imágenes y público". *Arte y recepción*. CAIA, 1997.

Gómez, Pedro Pablo (Ed.). *Arte y estética en la encrucijada descolonial II*. Del Signo, 2014.

González, Horacio. *Besar a la muerta*. Colihue, 2014.

---. "Discurso movilizante". *Suplemento Cultura y Nación. Diario Clarín*: "La aventura estética de Evita". Buenos Aires, 13 de febrero de 1997.

Gradin, Charly. "Al gran pueblo". *Radar, Página 12*, Buenos Aires, 28 de julio de 2013.

Guebel, Daniel. *La carne de Evita.*Mondadori, 2012.

Guidieri, Remo. *El museo y sus fetiches.* Tecnos, 1997.

Guha, Ranajit. "La muerte de Chandra". *Subaltern Studies V.* Oxford University Press, 1995.http://www.hemerotecadigital.unam.mx/ANUIES: 135-165.

Gusmán, Luis. *Epitafios. El derecho a la muerte escrita.* 17 Grises, 2018.

Huyssen, Andreas. *En busca del futuro perdido.* F.C.E., 2002.

---. *Modernismo después de la posmodernidad.* Gedisa, 2010.

Jaeger, Werner. *Paideia.* FCE., 1957.

Jay, Martin. *Camnpos de fuerza. Entre la historia intelectual y la crítica cultural.* Paidós, 2003.

---. *Ojos abatidos. La denigración de la visión en el pensamiento francés del siglo XX.* Akal, 2007.

Jeanmarie, Federico. *Una virgen peronista.* Norma, 2001.

Jiménez, José. *Teoría del arte.* Tecnos/Alianza, 2002.

Kohan, Martín. "Madre e hija (La muerte de Evita en la versión de Copi)". Amado, Ana y Domínguez, Nora (comps.) *Lazos de familia. Herencias, cuerpos, ficciones.* Paidós, 2004.

Kristeva, Julia. *Poderes de la perversión.* Catálogo, 1988.

Lamborghini, Leónidas. *El solicitante descolocado.* Ed. De la Flor, 1971.

---. "Eva Perón en la hoguera". *Partitas.* Corregidor, 1972.

Langer, Marie. "El niño asado y otros mitos sobre Eva Perón". *Fantasías eternas a la luz del psicoanálisis.* Ediciones Horné, pág. 79-102, 1966.

Ledesma, X. "Quién es el dueño del restaurante más peronista de Palermo". Revista*Apertura.*BuenosAires,2017.http://www.apertura.com/negocios/Quien-es-el-dueño-del-restaurante-más-peronista-de-Palermo-20170310-0003.html

Lezama Lima, José. *La expresión americana.* Ed. Universitaria, 1969.

Lobato, Mirta Zaida et al. "Las reinas del trabajo bajo el peronismo". Lobato, Mirta Zaida (Ed.). *Cuando las mujeres reinaban. Belleza, virtud y poder en la Argentina del siglo XX.* Biblos, 2005.

Maffía, Diana (comp.). *Sexualidades migrantes. Género y transgénero.* Feminaria Ed., 2003.

Martínez, Tomás Eloy. *Santa Evita.* Planeta, 1995.

Mariátegui, José Carlos. *7 ensayos de interpretación de la realidad peruana.* Biblioteca Ayacucho, 2007.

Montaner, Josep M. *Museos para el nuevo siglo.* Ed. Gustavo Gili, 1995.

Movimiento Nacional Justicialista. "Altar de la Patria: monumento sin tiempo". Revista *Las Bases.* Buenos Aires, 9 de abril, Año 3, N°89, pp. 5 a 8, 1974.

Navarro, Marysa. *Evita.* Edhasa, 2011.

Negroni, María. *Pequeño mundo ilustrado.* Caja Negra, 2012.
---. *La noche tiene mil ojos.* Caja Negra, 2015.
Onetti, Juan Carlos (1954). "Ella". *Cuentos completos.* Alfaguara, 1998.
Perlonguer, Néstor. *Eva vive y otros relatos.* Santiago Arcos Ed., 2009.
Perón, Eva. *La razón de mi vida.* CS Ediciones, 2006.
Piglia, Ricardo. *La ciudad ausente.* Edit.Sudamericana, 1992.
Posse, Abel. *La pasión según Eva.* Emecé, 1994.
Porrúa, Ana. "La variación en la poética de Leónidas Lamborghini". *Filología,* Año XXVII, 1-2 Volumen del Instituto de Filología y literaturas hispánicas "Dr. Amado Alonso". UBA, 1994.
Rancière, Jacques. *El espectador emancipado.* Manantial, 2010.
Rep. *Evita. Nacida para molestar.* Planeta, 2019.
Robert, Raquel R. *Mamá. Libro de lectura inicial.* Ed. Kapelusz, 1953.
Rosano, Susana. *Rostros y máscaras de Eva Perón. Imaginario populista y representación.* Beatriz Viterbo, 2006.
Rosa, María Laura. "Reflejos fugaces o de cómo construir un relato autobiográfico con la biografía ajena/Fleeting Reflections or How to Build an Autobiographical Story with Another Person's Biography". *Rapsodia inconclusa. Nicola Costantino* (cat. expo.). Fundación Amalia Lacroze de Fortabat, ISBN 978987-45464-5-6, pp. 52-63, 2015.
Sanchez, Matilde. "Evita. La imagen en escena". *Suplemento Cultura y Nación. Diario Clarín*: "La aventura estética de Evita". Buenos Aires, 13 de febrero de 1997.
Sanguineti, Edoardo. *Por una vanguardia revolucionaria.* Ed. Tiempo Conteporáneo, 1972.
Santos, Lidia. "Los hijos bastardos de Evita, o la literatura bajo el manto de estrellas de la cultura de masas". *Canadian Journal of Latin American and Caribbean Studies*, Vol 24, Nro 48, 1999. Special Edition: Eva Perón, Guest Editor: Rita de Grandis, págs.195-213.
Sarduy, Severo. *El barroco y el neobarroco.* El cuenco de plata, 2011.
Sarlo, Beatriz. *La pasión y la excepción.* Siglo veintiuno editores, 2003.
---. *Tiempo pasado.* Siglo XXI, 2005.
Sarti, Graciela C. *Autómata. El mito de la vida artificial en la literatura y el cine.* EFFYL, 2012.
Sebreli, Juan José. *Eva Perón, ¿Aventurera o militante?* Editorial La Pleyade, 1971.
Segato, Rita L. *La escritura en el cuerpo de las mujeres asesinadas en Ciudad Juárez: territorio, soberanía y crímenes de segundo estado.* Universidad del Claustro de Sor Juana, 2006.
Sibilia, Paula. *El hombre postorgánico.* FCE, 2009.
Shakespeare, William. *La tempestad.* Ed.S ol 90, 2016. Trad. M. Menéndez Pelayo.
Sontag, Susan. *La enfermedad y sus metáforas. El sida y sus metáforas.* Taurus, 2003.
Szichman, Mario. *A las 20:25 la Señora entró en la inmortalidad.* Sudamericana, 1986.
Todorov, Tzvetan. *Los abusos de la memoria.* Paidós Ibérica, 2000.

Venturini, Aurora. *Eva. Alfa y Omega.* Sudamericana, 2014.

Vinelli, Elena. *El relato migrante. La transposición de la novela La Ciudad Ausente de Ricardo Piglia a ópera e historieta,* Buenos Aires: Facultad de Filosofía y Letras (UBA),2011.http://repositorio.filo.uba.ar/handle/filodigital/1992?show=full

Wajcman, Gérard. *Colección seguido de La avaricia.* Manantial, 2010.

Wajcman, Gérard. *El ojo absoluto.* Manantial, 2011.

Walsh, Rodolfo. "Esa mujer". *Los oficios terrestres.* Ed.La Flor, 1986.

Zizek, Slavoj. *Problemas en el paraíso. Del fin de la historia al fin del capitalismo.* Anagrama, 2016.

Zuzulich, Jorge (2015). "Diseño de arte tecnológico. ¿Qué nos dice una obra de arte electrónica?". CABA: *Cuadernos del centro de Estudios de Diseño y Comunicación, Ensayos,* N°51, 2015. Versión On-line ISSN 1853-3523

Otras publicaciones de Argus-*a*:

Gustavo Geirola
Los discursos lacanianos y las dramaturgias

Eduardo R. Scarano (compilador)
Racionalidad política de las ciencias y de la tecnología.
Ensayos en homenaje a Ricardo J. Gómez

Virgen Gutiérrez
Con voz de mujer. Entrevistas

Alicia Montes y María Cristina Ares, compiladoras
Régimen escópico y experiencia.
Figuraciones de la mirada y el cuerpo
en la literatura y las artes

Adriana Libonatti y Alicia Serna
De la calle al mundo
Recorridos, imágenes y sentidos en Fuerza Bruta

Laura López Fernández y Luis Mora-Ballesteros (Coords.)
Transgresiones en las letras iberoamericanas:
visiones del lenguaje poético

María Natacha Koss
Mitos y territorios teatrales

Mary Anne Junqueira
A toda vela
El viaje científico de los Estados Unidos:
U.S. Exploring Expedition (1838-1842)

Lyu Xiaoxiao
La fraseología de la alimentación y gastronomía en español.
Léxico y contenido metafórico

Gustavo Geirola
Grotowski soy yo.
Una lectura para la praxis teatral en tiempos de catástrofe

Alicia Montes y María Cristina Ares, comps.
Cuerpo y violencia. De la inermidad a la heterotopía

Gustavo Geirola, comp.
Elocuencia del cuerpo.
Ensayos en homenaje a Isabel Sarli

Lola Proaño Gómez
Poética, Política y Ruptura.
La Revolución Argentina (1966-73): experimento frustrado
De imposición liberal y "normalización" de la economía

Marcelo Donato
El telón de Picasso

Víctor Díaz Esteves y Rodolfo Hlousek Astudillo
Semblanzas y discursos de agrupaciones culturales
con bases territoriales en La Araucanía

Sandra Gasparini
Las horas nocturnas.
Diez lecturas sobre terror, fantástico y ciencia

Mario A. Rojas, editor
Joaquín Murrieta de Brígido Caro.
Un drama inédito del legendario bandido

Alicia Poderti
Casiopea. Vivir en las redes. Ingeniería lingüística y ciber-espacio

Gustavo Geirola
Sueño Improvisación. Teatro.
Ensayos sobre la praxis teatral

Jorge Rosas Godoy y Edith Cerda Osses
Condición posthistórica o Manifestación poliexpresiva.
Una perturbación sensible

Alicia Montes y María Cristina Ares
Política y estética de los cuerpos.
Distribución de lo sensible en la literatura y las artes visuales

Karina Mauro (Compiladora)
Artes y producción de conocimiento.
Experiencias de integración de las artes en la universidad

Jorge Poveda
La parergonalidad en el teatro.
Deconstrucción del arte de la escena
como coeficiente de sus múltiples encuadramientos

Gustavo Geirola
El espacio regional del mundo de Hugo Foguet

Domingo Adame y Nicolás Núñez
Transteatro: Entre, a través y más allá del Teatro

Yaima Redonet Sánchez
Un día en el solar, expresión de la cubanidad de Alberto Alonso

Gustavo Geirola
Dramaturgia de frontera/Dramaturgias del crimen.
A propósito de los teatristas del norte de México

Virgen Gutiérrez
Mujeres de entre mares. Entrevistas

Ileana Baeza Lope
Sara García: ícono cinematográfico nacional mexicano, abuela y lesbiana

Gustavo Geirola
Teatralidad y experiencia política en América Latina (1957-1977)

Domingo Adame
Más allá de la gesticulación. Ensayos sobre teatro y cultura en México

Alicia Montes y María Cristina Ares (compiladoras)
Cuerpos presentes. Figuraciones de la muerte, la enfermedad, la anomalía y el sacrificio.

Lola Proaño Gómez y Lorena Verzero / Compiladoras y editoras
Perspectivas políticas de la escena latinoamericana. Diálogos en tiempo presente

Gustavo Geirola
Praxis teatral. Saberes y enseñanza. Reflexiones a partir del teatro argentino reciente

Alicia Montes
De los cuerpos travestis a los cuerpos zombis. La carne como figura de la historia

Lola Proaño - Gustavo Geirola
¡Todo a Pulmón! Entrevistas a diez teatristas argentinos

Germán Pitta Bonilla
La nación y sus narrativas corporales. Fluctuaciones del cuerpo femenino en la novela sentimental uruguaya del siglo XIX (1880-1907)

Robert Simon
To A Nação, with Love: The Politics of Language through Angolan Poetry

Jorge Rosas Godoy
Poliexpresión o la des-integración de las formas en/desde La nueva novela *de Juan Luis Martínez*

María Elena Elmiger
DUELO: Íntimo. Privado. Público

María Fernández-Lamarque
Espacios posmodernos en la literature latinoamericana contemporánea: Distopías y heterotopíaa

Gabriela Abad
Escena y escenarios en la transferencia

Carlos María Alsina
De Stanislavski a Brecht: las acciones físicas. Teoría y práctica de procedimientos actorales de construcción teatral

Áqis Núcleo de Pesquisas Sobre Processos de Criação Artística
Florianópolis
Falas sobre o coletivo. Entrevistas sobre teatro de grupo

Áqis Núcleo de Pesquisas Sobre Processos de Criação Artística
Florianópolis
Teatro e experiências do real (Quatro Estudos)

Gustavo Geirola
El oriente deseado. Aproximación lacaniana a Rubén Darío.

Gustavo Geirola
Arte y oficio del director teatral en América Latina. Tomo I México - Perú

Gustavo Geirola
Arte y oficio del director teatral en América Latina. Tomo II. Argentina – Chile – Paragua – Uruguay

Gustavo Geirola
Arte y oficio del director teatral en América Latina. Tomo III Colombia y Venezuela

Gustavo Geirola
Arte y oficio del director teatral en América Latina. Tomo IV Bolivia - Brasil - Ecuador

Gustavo Geirola
Arte y oficio del director teatral en América Latina. Tomo V. Centroamérica – Estados Unidos

Gustavo Geirola
Arte y oficio del director teatral en América Latina. Tomo VI Cuba- Puerto Rico - República Dominicana

Gustavo Geirola
Ensayo teatral, actuación y puesta en escena. Notas introductorias sobre psicoanálisis y praxis teatral en Stanislavski

Argus-*a*
Artes y Humanidades / Arts and Humanities
Los Ángeles – Buenos Aires
2022

Printed in Great Britain
by Amazon

17303590R00107